Entre la
ESPADA
y la PARED

CÓMO
CONFIAR EN DIOS
EN MEDIO DE LAS
PRUEBAS

Tony Evans

PORTAVOZ

D1478340

Título del original: *Between a Rock and a Hard Place* © 2010 por Anthony Evans y publicado por Moody Publishers, 820 N. LaSalle Boulevard, Chicago, IL 60610. Traducido con permiso.

Edición en castellano: *Entre la espada y la pared* © 2012 por Editorial Portavoz, filial de Kregel Publications, Grand Rapids, Michigan 49501. Todos los derechos reservados.

Traducción: Daniel Menezo

EDITORIAL PORTAVOZ
P.O. Box 2607
Grand Rapids, Michigan 49501 USA
Visítenos en: www.portavoz.com

ISBN 978-0-8254-1239-4
978-0-8254-0372-9 Kindle
978-0-8254-8491-9 epub

1 2 3 4 5 / 16 15 14 13 12

Impreso en los Estados Unidos de América
Printed in the United States of America

A mi buen amigo el entrenador Bruce Chambers,
quien sigue perseverando mientras vive su vida
entre la espada y la pared.

CONTENIDO

INTRODUCCIÓN

CADA VERANO ACUDO a la consulta del médico para mi chequeo anual. De todas las cosas que hace mi doctor durante ese examen de salud, la que más me molesta es la prueba de esfuerzo. El doctor me pega unas sondas electrónicas por todo el cuerpo. Luego me hace subir a una cinta de correr. La pone en marcha y la va acelerando cada vez más, pendiente arriba, para conocer el verdadero estado de mi corazón.

Es posible que mi corazón no esté sano, aunque a mí me parezca lo contrario. El médico puede determinar cuán fuerte es mi corazón si lo examina sometido a presión. Lo que hace es generar una situación estresante: tengo que caminar durante un largo período de tiempo, jadeando y resoplando, mientras asciendo por una colina que no parece acabar. El doctor examina mi corazón para comprobar si me siento como realmente estoy, porque es posible sentirse bien y, al mismo tiempo, tener un corazón enfermo.

Vivir la vida cristiana no es distinto. Usted puede ir a la iglesia

todas las semanas, cantar himnos de alabanza, memorizar versículos bíblicos, ministrar en diversos comités y asumir que su corazón,
su fe y su alma son fuertes. Incluso resulta fácil decir cosas, como:
«Te amo, Dios. Señor, ¡eres tan bueno! Te seguiré, Dios. Haré todo lo
que me digas».

Pero para Dios, de nada vale que usted haga estas promesas y
luego no las cumpla.

Él nos prueba a usted y a mí porque quiere lo mejor para nosotros. Nos prueba porque está preparándose para hacer algo sorprendente en nuestras vidas. El método que utiliza consiste en meternos
en circunstancias estresantes. Dios nos pone en una cinta sin fin.
Diseña una prueba de esfuerzo única para evaluar y revelar el verdadero estado de nuestras almas.

De una forma muy parecida a la prueba de esfuerzo a la que me
somete mi médico cada verano, Dios permite las pruebas en nuestras vidas para revelar en qué punto de nuestro viaje espiritual nos
encontramos. Lo hace con el propósito de corregir todo lo que esté
mal, revelando las necesidades y fortaleciendo lo que parece débil,
para que avancemos hacia aquello que Él guarda para nosotros.

En este libro, vamos a profundizar en las vidas de varios persona-
jes bíblicos, desde Abraham hasta María y Marta, que acabaron entre
la espada y la pared: atrapados en situaciones realmente difíciles.
En la Biblia, hallamos una gran cantidad de estos casos. De hecho,
cuando empecé a estudiar la Biblia hace ya tiempo, me encontraba
con estas pruebas constantemente. No tardé mucho en empezar a
detectar un patrón, dado que cada tipo de prueba aparecía una y
otra vez, pero con diferentes nombres y rostros.

En estas pruebas, no se trataba solo de una persona que se enfrentaba con un problema, sino que Dios creaba las circunstancias en las
que la persona se veía atrapada entre la espada y la pared. Empecé a
estudiar a fondo esos casos y descubrí patrones que se repetían una

y otra vez. Dios introdujo esas pruebas para examinar y fortalecer la fe de aquellos que lo seguían.

Cuando no hallamos una dirección clara por donde avanzar sin que surja un problema, y cuando todas las decisiones que tomamos son potencialmente erróneas, Dios se prepara para hacer algo sustancial en nuestras vidas. Tengamos esto en mente mientras analizamos diversos ejemplos bíblicos de otras personas que se vieron atrapadas entre la espada y la pared. Téngalo en cuenta, porque, recurriendo a este principio guía verdadero, podemos hallar esperanza y paz en medio de las pruebas. Dios *usará* esa difícil situación para hacer algo importante en nuestras vidas.

1

Abraham e Isaac

UN TIPO ESPECIAL DE PRUEBA

¿HA RECIBIDO ALGUNA VEZ una carta que no era para usted? Cuando la saca del buzón, ve que tiene la dirección de su casa, pero no está escrito su nombre. Solo dice: «Propietario». La carta ha llegado a sus manos porque es usted el «propietario» de esa casa. Las pruebas se parecen mucho a esa situación. Solo por el hecho de ser un habitante de este planeta, en medio de un mundo caído, tendremos que pasar por pruebas.

Por supuesto, a nadie le gusta una prueba. Nadie se despierta por la mañana, se despereza y dice: «¡Ah, qué día más hermoso para una prueba! ¡Mira, me gustaría tener una prueba hoy!». Quien hiciera algo así sería una persona poco corriente. Sin embargo, por mucho que intentemos eludir las pruebas en nuestras vidas, son inevitables. Nadie es inmune a ellas.

Las pruebas son circunstancias adversas que Dios permite en nuestras vidas para averiguar dónde nos encontramos espiritualmente y prepararnos para donde Él quiere que vayamos. No hay forma de evitarlas. O usted se halla ahora en una prueba, o acaba de salir de una o se está preparando para experimentarla. Las pruebas son realidades inevitables de la vida.

Pero aunque todos tengamos que experimentarlas, podemos consolarnos sabiendo que las pruebas, primero, deben pasar por las manos de Dios antes de alcanzarnos. Nada llega a nuestras vidas sin haber recibido la aprobación del Señor. Y para obtener esa aprobación, debe existir un motivo divino para que Él dé el visto bueno.

Lo hay. Dios permite que vivamos pruebas para revelar en qué punto de nuestro peregrinaje espiritual nos encontramos, para corregirnos cuando es necesario y para fortalecernos para el resto del viaje.

EL DILEMA SIN SOLUCIÓN

Tengo un buen amigo que es ayudante del entrenador de fútbol americano para la universidad de Texas. Cuando se enfrenta a una de estas pruebas, me llama por teléfono a cualquier hora del día o de la noche. Me llama para hablar de su prueba o, como él lo llama, «el dilema sin solución». De hecho, me habla tanto sobre esos «dilemas» que ahora le he puesto el apodo de «Dilemón», nombre con el que me dirijo a él cada vez que lo veo.

Un dilema sin solución es un callejón sin salida. Es cuando uno se encuentra encajado entre la espada y la pared. Tiene la espalda contra el muro, y por mucho que se esfuerce, no parece haber una solución visible. La única manera de salir de esta situación sería recurriendo a un método ilegal, porque no hay ninguna salida válida.

Cuando usted se encuentra en un dilema sin solución, se siente atrapado, inmovilizado y cansado de estar allí. O no sabe qué debe hacer, o no sabe cómo hacer legítimamente lo que siente que debe hacer. Es como cuando Israel se encontró con el faraón a un lado y el Mar Rojo al otro: el pueblo estaba seguro de que ese día morirían todos.

Un dilema sin solución es un asunto en el que siempre salimos perdiendo. Si fuera una cuestión de ganar o perder, entonces usted sabría cómo elegir y hacia dónde avanzar. Pero ¿qué puede hacer cuando se encuentra atrapado entre la espada y la pared? ¿Qué alternativa puede elegir cuando ambas opciones son malas? ¿Alguna vez ha estado en una situación en la que, fuera cual fuese la vía que eligiera, todo eran problemas, y se ha visto obligado a optar por el problema más pequeño como solución?

Yo he estado en circunstancias así, y no es nada agradable. Es tan agradable como jadear y resoplar en aquella cinta sin fin en la consulta de mi médico durante mi chequeo físico anual. Pero una de las cosas que he aprendido con el paso de los años es que Dios tiene un propósito para esos momentos de nuestras vidas. De la misma manera que mi médico no es un mal hombre porque somete mi cuerpo a semejante estrés, Dios no es malvado cuando decreta que hemos de pasar por pruebas.

Cuando el Señor quiere revelar el verdadero estado de su corazón, con el fin de capacitarlo para que cumpla su plan en el futuro, lo somete a un tipo de prueba como esta. Y cuando Dios lo somete a este tipo de prueba en concreto, un dilema sin solución, un callejón sin salida, o lo pone entre la espada y la pared, se está preparando para hacer algo importante en su vida. Esa es la conclusión a la que llega este libro, y se la ofrezco desde un principio.

No hablamos de la típica prueba destinada a fortalecer el carácter y a revelar imperfecciones. Atravesar un dilema sin solución significa que pronto se producirá un hecho extraordinario en su situación.

LA BENDICIÓN DE DIOS POR MEDIO DE ABRAHAM

El primer dilema sin solución que examinaremos aparece en Génesis 22. Forma parte de la historia de Abraham y de su hijo Isaac. Antes de este episodio, Dios había establecido un pacto con Abraham —los teólogos llaman a este acuerdo vinculante el pacto abrahámico—. Por medio de este acuerdo, Dios prometió que bendeciría a Abraham y que este sería de bendición para otros.

Fíjese que el pacto de Dios no se detuvo en su bendición para Abraham. Más bien, el pacto divino añadió que otros serían bendecidos por medio de Abraham. En la Biblia, una bendición supone experimentar, disfrutar y extender el favor de Dios en su vida.

A veces me da la sensación de que cuando pedimos a Dios que nos bendiga, olvidamos la definición completa de bendición. Olvidamos que Él no quiere que seamos cristianos de callejón sin salida y que todas las bendiciones acaben en nosotros. Dios quiere que seamos cristianos transmisores, por medio de los cuales nuestras bendiciones sean siempre extensibles a otros.

Claramente, Dios le dijo a Abraham: «Mira ahora los cielos, y cuenta las estrellas... Así será tu descendencia... serán benditas en ti todas las familias de la tierra» (Gn. 15:5; 12:3).

Dios declaró que no solo bendeciría a Abraham, sino que la bendición de Dios para Abraham se extendería a otros también. Dios nunca planea que la bendición quede en una sola persona; por el contrario, esta siempre debería alcanzar a muchas más.

EL MILAGRO DE DIOS PARA ABRAHAM Y SARA

El pacto de Dios con Abraham exigía tan solo un milagro para ponerse en marcha. Abraham y su esposa Sara no solo eran de edad avanzada cuando Dios les hizo la promesa relativa a sus descendientes, sino que el cumplimiento de esa promesa se demoraría unos veinticinco años. Por lo tanto, aquí tenemos una ecuación que empieza con «viejo» y luego le añade otro cuarto de siglo.

Cuando a Sara le dijeron que iba a tener un hijo, tanto ella como Abraham no solo eran ancianos, sino que ya empezaban a enfriarse. Los noventa y tantos años[1] no se consideran el mejor momento de la vida matrimonial, si usted me entiende. Incluso a Sara le costó creer la promesa de Dios. «Se rió, pues, Sara entre sí, diciendo: ¿Después que he envejecido tendré deleite, siendo también mi señor ya viejo?» (Gn. 18:12). En otras palabras: «La tienda está cerrada. Eso no va a pasar».

Pero la edad o las fuerzas no limitan a Dios. Esa es la belleza divina. Él no está limitado por lo que pueden comprender nuestras mentes finitas ni por lo que pueden hacer nuestros cuerpos físicos. Y así como Dios lo había prometido, Isaac nació de Sara, como semilla de los lomos de Abraham.

DIOS HACE UNA PETICIÓN INCREÍBLE A ABRAHAM

Unos cuantos años después, Dios le habló a Abraham sobre su hijo. De hecho, hizo algo más que hablar con él. Génesis 22 dice que Dios «probó» a Abraham. Dios decidió poner a Abraham entre la espada y la pared: meterlo en un dilema sin solución. Lo colocó en un callejón sin salida. Leemos:

> «Aconteció después de estas cosas, que probó Dios a Abraham, y le dijo: Abraham. Y él respondió: Heme aquí. Y dijo: Toma ahora tu hijo, tu único, Isaac, a quien amas, y vete a tierra de Moriah, y ofrécelo allí en holocausto sobre uno de los montes que yo te diré» (vv. 1-2).

Un momento. Hemos leído mal, ¿no es cierto? No puede ser que Dios le haya pedido a Abraham que tomara y matara a su único hijo, el hijo al que amaba, el hijo de la promesa divina. Esta es una petición tremendamente dura. Significaría situar a Abraham, el hombre que llevaba tantos años siguiendo a Dios con fe, entre la espada y la pared.

Dios *sí* hizo esa petición a Abraham. Y ahora nuestro hermano se encontraba atrapado en una contradicción. De hecho, Abraham estaba enmarañado en un aluvión de contradicciones.

Déjeme que le explique lo que quiero decir. El primer tipo de contradicción en que se halló Abraham era teológica. Entienda esto: Dios había prometido un hijo a Abraham. Dios había dicho, esencialmente: «Abraham, voy a engrandecer tu nombre. Te daré un hijo. Él tendrá hijos, y estos tendrán descendencia. Te convertirás en una gran nación». Eso era una promesa: ya puede llevarla al banco para cobrarla. Era una promesa de Dios.

Sin embargo, unos pocos años más tarde, Dios le dijo: «Abraham, mata a tu hijo».

En mi vida, he visto unas cuantas situaciones complicadas, pero el dilema sin solución de Abraham las supera a todas. Sin más, Abraham le preguntó a Dios: «Señor, ¿cómo se va a convertir mi hijo Isaac en una gran nación, como me prometiste, si lo mato? Es joven, ni siquiera se ha casado. No tiene hijos. ¿Y quieres que lo sacrifique?».

Pregunta a la que Dios asiente.

¿CREE QUE DIOS LO ENGAÑARÍA?

Pero este libro no solo habla de Abraham, aunque su historia sea un estupendo telón de fondo sobre el que podemos ver a Dios con mayor claridad. Este libro es más personal; de modo que, por un momento, centrémonos en el presente. ¿Qué hay de usted? ¿Alguna vez ha tenido la sensación de que Dios lo confunde? ¿Ha sentido que Dios no le ofrece alternativas reales, como cuando está entre la espada y la pared? Quizá Dios le dio algo que usted pensaba que le había prometido, pero tan rápidamente como se lo dio, le pidió que se lo devolviera. Era algo que usted esperaba, por lo que oraba y que anhelaba sinceramente. Algo bueno, incluso espiritual.

Cuando por fin llegó a su vida y usted estaba invadido de emoción, escuchó a Dios decirle: «De acuerdo, ahora devuélvemelo. Suéltalo». La orden era devolverlo… o matarlo.

Cuando Dios hace algo así, es porque al otro lado de su petición hay un bien mayor. Pero cuando estamos en mitad de las contradicciones, resulta fácil olvidar esto. Sobre todo cuando se trata de múltiples contradicciones, como el caso de Abraham.

¿DIOS SE CONTRADIJO A SÍ MISMO?

Aquella circunstancia no solo fue un dilema sin solución para Abraham desde un punto de vista teológico porque contradecía algo que Dios le había prometido, sino también porque contradecía algo que Dios previamente había dicho que no debía hacerse. ¿Cómo era posible que Dios, que en Génesis 9:6 dijo: «El que derramare sangre de hombre, por el hombre su sangre será derramada; porque a imagen de Dios es hecho el hombre», trece capítulos después le pidiera a Abraham que derramara la sangre de su hijo? Aparentemente, Dios contradijo su propia petición. Se contradijo a sí mismo. Cuando Dios se contradice a sí mismo, ¿qué hace usted? Es un dilema sin solución. (¿Realmente se contradijo Dios cuando le pidió a Abraham que sacrificase a su hijo? Responderemos a esta pregunta teológica y ética en el capítulo 2).

¿Alguna vez ha estado en una situación en la que parece que lo que Dios le dijo ayer contradice lo que le dice hoy? ¿Alguna vez Dios lo ha confundido por completo, a pesar de que usted pensaba que había escuchado bien sus palabras las dos veces? Yo sí he estado en situaciones así. Cuando llega este tipo de pruebas, es útil acordarse de Abraham.

En su caso, Abraham no solo se enfrentaba a graves contradicciones teológicas, sino también a una emocional. Dios le pedía que sacrificase a su hijo, al que amaba. «Y dijo: Toma ahora a tu hijo, tu único, Isaac, a quien amas...» (Gn. 22:2). No puedo dejar de imaginar que Dios incluyó esta información personal en el versículo, «a quien amas», porque quería que supiéramos que su hijo era extremadamente especial para Abraham.

Esta prueba iba directo al corazón del patriarca. Esa petición hería profundamente la parte más sensible de su amor. Era Dios quien le decía: «Sé lo que sientes por tu hijo Isaac, Abraham. Sé que lo amas más que a cualquier otra cosa en este mundo, porque es tu único hijo, nacido de Sara. No solo es el único hijo que te ha dado Sara, sino que también es el hijo de la promesa, de tu futuro. Sé todo esto, Abraham. De hecho, precisamente porque sé todo esto, quiero que me lo devuelvas».

Sí, es cierto que había otro hijo, Ismael (ver Gn. 16). Pero Abraham no amaba a Ismael del mismo modo que amaba a Isaac, porque este era el hijo de la promesa. Isaac salió del vientre de Sara, mientras que Ismael no.

Básicamente, Dios le dijo a Abraham: «Quiero a aquel con quien estás más vinculado, en quien has invertido. Sacrifícalo, Abraham. Devuélvelo, Abraham. Ponlo bajo tu cuchillo, Abraham».

Abraham se enfrentó a una contradicción emocional, un dilema sin solución.

MÁS CONTRADICCIONES

No solo encontramos contradicciones teológicas más una emocional, sino que Abraham también padeció contradicciones sociales y familiares. ¿Qué le diría a Sara? ¿Y a los vecinos? ¿Qué iban a decir las personas cuando se reunieran cada mañana en torno al pozo para llenar sus cántaros? Quizá susurrarían: «¿Han oído que Abraham mató al hijo de la promesa?». ¿Tendrían que decir que Abraham había perdido la cabeza y saboteado su propio futuro? Esto es lo que hubiera parecido desde su punto de vista.

Abraham estaba rodeado de conflictos, y no debido a algún pecado que hubiera cometido. Estaba en conflicto debido a los actos de Dios.

«Tu hijo, Abraham, tu único hijo, al que amas, lo quiero —le dijo Dios—. Sacrifícalo».

¿Y adivine dónde le pidió Dios a Abraham que sacrificara a su hijo? En el altar. En los tiempos bíblicos, el altar era como la iglesia. Era el lugar donde se adoraba mediante los sacrificios.

Está bien adorar a Dios cuando tenemos todo lo que queremos, cuando todas nuestras oraciones reciben respuesta; pero ¿qué hay de esos momentos en que Dios le pide que le entregue lo que usted más ama? ¿Sigue yendo a la iglesia? ¿Sigue acercándose al altar?

¿LO ENTREGAMOS TODO?

¿Qué hay de esos momentos en que Dios le pide que le devuelva lo que una vez usted le dijo que era de Él? Según Génesis 21:4, Abraham había circuncidado a Isaac. La circuncisión era una señal del pacto, el cual iba destinado a transmitirse en la familia por medio de los varones. Los varones se circuncidaban para dejar claro que seguían el programa marcado por Dios. Por tanto, lo que le había dicho Abraham a Dios cuando circuncidó a Isaac era que se lo entregaba en sus manos.

Una cosa es decir: «Todo lo que tengo es tuyo, Señor». Otra cosa es decirlo de corazón. Mientras Dios no nos pida que entreguemos lo que amamos, no nos cuesta nada decir que lo cederemos todo. Pero cuando Él lo requiere, podemos volvernos muy territoriales protegiendo lo que una vez pusimos en sus manos.

Casi todas las personas que estén leyendo este libro se habrán mostrado territoriales con Dios en un momento u otro. Imagino que en determinada situación, usted se ha visto inmerso en un conflicto espiritual con Dios. Sabía que Él quería que renunciara a algo que le parecía legítimo. Dios quería que le reintegrase algo que usted pensaba que Él mismo le había dado: un sueño, una relación personal, un deseo, una ambición, un puesto de trabajo, un miembro de la familia, la salud, el dinero o el hogar. Sabía que Dios le pedía que sacrificase algo sobre su altar, pero también sabía cómo le hacía sentir ese sacrificio y lo mucho que le costaba renunciar a ello.

Y le dolió.

Dios no siempre nos pide que sacrifiquemos algo tan literal como lo que vemos en el caso de Abraham y de su hijo. Pero sí prueba nuestros corazones. Y nos duele. Quizá no nos esté pidiendo nuestro hijo. A lo mejor, nos pide que sigamos solteros un tiempo más de lo que esperábamos o incluso que sigamos casados más de lo que deseamos. Quizá nos pide que pongamos nuestra carrera profesional sobre su altar, o un ascenso, un sueño o incluso una relación personal. Sea lo que fuese, Dios sabe cómo elegir precisamente aquello que pondrá a prueba los rincones más profundos de nuestro corazón.

Dios lo hace porque sabe que nuestras palabras, por sí solas, significan muy poco. Del mismo modo que mi médico sería tonto si aceptase mi palabra sobre cómo me siento cada verano cuando lo visito, Dios sabe que nuestras palabras son, como mucho, superficiales, aunque tengamos buena intención. La fe solo se demuestra cuando se mueven nuestros pies.

ABRAHAM ACTÚA

Ahora bien, ¿cómo respondieron los pies de Abraham en esa situación de dilema sin solución? De una forma inusual. Cuando leemos Génesis 22:3, encontramos un versículo atiborrado de verbos de acción: «Y Abraham se levantó muy de mañana, y enalbardó su asno, y tomó consigo dos siervos suyos, y a Isaac su hijo; y cortó leña para el holocausto, y se levantó, y fue al lugar que Dios le dijo».

Fíjese en los verbos: *se levantó, enalbardó, tomó, cortó, fue.* Todos estos verbos indican una respuesta inmediata. Pero fijémonos también en lo que no dice el versículo 3. No nos dice que Abraham intentó negociar con Dios. No dice que Abraham le preguntó a Dios por qué. No dice que Abraham llevó un cordero en su mochila, por si acaso. No nos ofrece el resumen de un debate entre los dos. No, solo dice que Abraham se levantó, se puso en marcha e hizo lo que Dios le había pedido que hiciera.

¿De dónde sacó Abraham no solo la fuerza, sino también la fe para responder a Dios con tanta rapidez, frente a una petición aparentemente absurda? Esta pregunta se aplica también a nosotros: ¿dónde hallamos la fortaleza y la fe para seguir a Dios cuando Él nos mete en un dilema sin solución?

La respuesta la hallamos en las propias palabras de Abraham. En el versículo 5, leemos: «Entonces dijo Abraham a sus siervos: Esperad aquí con el asno, y yo y el muchacho iremos hasta allí y adoraremos, y volveremos a vosotros».

Permita que se lo explique. Abraham dijo: «Eh, muchachos, mi hijo y yo nos vamos un rato a la iglesia. Subiremos, adoraremos y luego volveremos».

Pero, un momento. ¿No es esto distinto de lo que dijo Dios? Dios le dijo que llevara a su hijo al altar y lo sacrificase. Pero Abraham dijo a los jóvenes que él y su hijo iban al altar, adorarían a Dios y regresarían. ¿Cómo pudo Abraham decir algo así?

La única manera de que Abraham dijera eso es porque conocía plenamente el poder de Dios. Incluso si mataba a su hijo, sabía que el Dios al que servía había prometido bendecir a su hijo y a su descendencia. Por consiguiente, dado que esa promesa era cierta y Dios no miente, Abraham sabía que, si mataba a su hijo, el Dios a quien servía tendría el poder suficiente como para mantener la promesa, incluso aunque Abraham no comprendiera cómo.

Lo que sabía Abraham, y sabemos usted y yo, sobre Dios determina la manera en que le respondemos cuando estamos entre la espada y la pared. Por eso es esencial conocer a Dios en los buenos momentos, y conocerlo bien. Conocer a Dios en los momentos de paz es fundamental para saber cómo resolver los problemas. Cuando alguien no conoce a Dios, o cuando olvida o rechaza lo que es cierto sobre Él, no sabe cómo reaccionar cuando Él lo pone entre la espada y la pared.

LA FE EN AQUEL EN QUIEN CREE

A menudo confundimos la esencia de la fe. La fe no tiene que ver con la intensidad de lo que uno cree. De hecho, usted puede tener toda la fe del mundo en que su automóvil despegará y lo llevará volando hasta Canadá a cuatro mil metros de altura. Pero eso no cambiará el hecho de que usted seguirá atascado entre los demás vehículos en alguna carretera, con las cuatro ruedas bien pegadas al asfalto.

La fe consiste en creer que Aquel en quien cree es creíble.

La manera de descubrir si Aquel en quien usted cree tiene credibilidad es conocerlo y experimentarlo.

Por ejemplo: una niña se sube a la espalda de su padre para que la lleve a caballito. La pequeña no se sube a la espalda del padre y empieza a preguntarse si su papá puede sostenerla o si la dejará caer. No, inmediatamente empieza a preguntarle: «¿Me tienes? ¿Me tienes?», mientras se ríe y coloca las piernas en el lugar correcto.

Al preguntar a su papá: «¿Me tienes?», afirma en su propia mente que aquel en quien deposita su confianza es fiel. Porque si él dice: «Sí, te tengo», y ella descansa sobre sus hombros y descubre que, de verdad, la tiene sujeta, entonces la próxima vez que se suba para ir «a caballito» hará menos preguntas. Unos cuantos paseos más, y ni siquiera lo preguntará. De hecho, su padre puede lanzarla al aire o darle vueltas y vueltas, y en lugar de sentir un miedo intenso, ella se reirá emocionada porque tiene fe en que aquel en quien cree es digno de confianza.

Sin embargo, hasta que se suba a los hombros de su padre, puede pasarse todo el día diciendo que cree que él la sostendrá. Decirlo mil veces no reducirá las dudas que sentirá cuando su padre la invite por primera vez a subirse a sus hombros. Nunca llegará al punto en que pueda disfrutar plenamente de la alegría de su presencia hasta que suba a su espalda por primera vez y descubra que su padre es fiel.

La fe experimentada es una fe real. La fe no se puede experimentar sin que nuestros pies hagan lo que afirmamos creer. Resulta fácil decir que creemos. Resulta sencillo sentir que creemos. Pero la fe no está localizada en nuestros sentimientos, sino en nuestros pies. Por eso la Biblia dice que «andamos por fe» (ver 2 Co. 5:7) en lugar de «sentimos por fe».

En otras palabras, la fe se demuestra por los pasos que usted dé, no por las «mariposas» que sienta. De hecho, puede sentir una ausencia total de fe y, sin embargo, tener mucha. O puede sentir que tiene mucha fe, pero no tenerla en absoluto, porque sus pies no se mueven cuando Dios le dice que se levante y camine.

LA FE QUE DEMUESTRAN NUESTROS PIES

La medida de la fe de una persona está en sus pies, igual que la medida de la salud de mi corazón se demuestra solo una vez al año, en la cinta de correr de la consulta de mi médico. La fuerza de mi corazón durante mi chequeo médico no la determinan mis palabras. Igual que con Abraham, la fuerza de nuestra fe no está determinada por nuestras palabras, nuestros pensamientos o nuestros sentimientos.

Hasta que la fe se plasma en acciones, no podemos saber el grado de fe que tenemos. A veces hace falta un dilema sin solución, o quedarse atrapado entre la espada y la pared, para disfrutar de la oportunidad de darle pies a nuestra fe.

Abraham se encontró precisamente en esa situación. A medida que avancemos en el capítulo siguiente, descubriremos más cosas sobre la fe de Abraham, así como sobre la inusitada respuesta de Dios.

EN APUROS

1. El entrenador de la universidad llama a las situaciones sin salida «dilemas sin solución». ¿Por qué los cristianos a menudo se irritan cuando se encuentran en una de estas pruebas?

2. Piense en alguna prueba, cuando le pareció que no había salida, cuando se sintió atrapado entre la espada y la pared. ¿Cómo se sintió en ese momento? ¿Cuáles eran sus sentimientos y sus pensamientos hacia Dios?

3. Al principio del capítulo, el pastor Evans dice que Dios permite las circunstancias adversas en nuestras vidas «para averiguar dónde nos encontramos espiritualmente y prepararnos para donde quiere que vayamos». Luego añade que «las pruebas, primero, deben pasar por las manos de Dios antes de alcanzarnos». ¿Cree estas dos afirmaciones? Si es así, ¿qué consuelo le proporcionan?

4. El diccionario define «callejón sin salida» como «un negocio o conflicto de muy difícil o de imposible resolución».

¿Qué contradicciones vivió Abraham tras la petición de Dios de sacrificar a su hijo Isaac?

5. Lea todo el relato en Génesis 22. En toda la historia, nunca se dice que Abraham formulase la pregunta: «¿Por qué?». ¿Se encuentra usted en el punto en que si Dios le pidiera que hiciese algo ilógico, lo haría sin preguntar por qué?

2

Abraham e Isaac

OBEDEZCA... Y VEA A DIOS CON OTROS OJOS

POCO DESPUÉS DE HABER EMPEZADO a ejercer como pastor, me vi atrapado en una situación contradictoria, entre la espada y la pared. Por supuesto, Dios se estaba preparando para revelarse de una manera extraordinaria. Pero cuando uno se encuentra entre la espada y la pared, eso es lo primero que olvida.

La iglesia que sigo pastoreando hoy día tiene más de ocho mil miembros, pero empezó siendo mucho, mucho más pequeña: constaba de diez individuos que se reunían. Después de un año de reunirnos en nuestra casa, nos habíamos convertido en doscientos miembros que se reunían semanalmente en el edificio de una escuela pública local. Eran los tiempos en que empezaban a salir en debate público las cuestiones relativas a la separación entre Iglesia y

Estado. Había escuelas que intentaban sacar a Dios del currículum de todas las maneras posibles.

Al final, los miembros de la junta directiva escolar nos dijeron que teníamos que marcharnos de la escuela donde nos reuníamos. Nos dieron treinta días para encontrar otras instalaciones. Como puede imaginarse, localizar un local donde quepan doscientas personas en Texas, y con un presupuesto ajustado, resultó todo un reto. Buscamos un lugar por todas partes, pero no tuvimos éxito. Antes de que nos diéramos cuenta, se acabó nuestro plazo de un mes. Aún no disponíamos de un lugar adonde ir.

Como sabíamos que doscientas personas eran demasiadas como para reunirnos en nuestro pequeño hogar, escribimos una carta y la enviamos a la junta de la escuela, solicitando una ampliación del plazo. Casi con tanta rapidez como está leyendo esta línea, recibimos la respuesta en otra carta que decía que no nos concedían una ampliación, porque, como nos explicaron, la mayor parte de la junta estaba en contra de las reuniones.

ESPERANDO LA DECISIÓN FINAL

Sin embargo, también nos anunciaron que someterían ese tema a una votación oficial la próxima vez que se reunieran. Daba la casualidad de que esa reunión tendría lugar unos pocos días antes de nuestro último domingo en la escuela.

Eso sí que era tener la espalda contra la pared. Sin lugar adonde ir, sin dinero para llegar y sin opciones ante nosotros, estábamos metidos en un dilema sin solución.

Dios me había llamado a abrir aquella iglesia. Nos lo había confirmado a mí y a Lois, mi esposa, de diversas maneras, y no teníamos ninguna duda sobre su llamado. Pero aquí estábamos, enfrentándonos a una situación que requería que en menos de una semana cerrásemos las puertas. Y ahora, ¿qué?

Sin saber exactamente qué hacer, hicimos lo único que podíamos: pedirle a Dios que interviniera. Decidimos asistir en persona a la reunión de la junta escolar y sentarnos fuera de la sala, mientras ellos estaban reunidos. Los miembros de la junta tendrían que darnos la noticia cara a cara.

Acompañado de mi pastor asociado, fuimos con el automóvil hasta la escuela y nos sentamos allí, juntos, esperando que nos transmitieran su decisión. La reunión estaba programada para las dos de la tarde; el tiempo iba pasando, y ya eran las dos y media. A pesar de que, en teoría, se trataba de una votación bastante rápida y sencilla, seguíamos sin saber nada. Cuando miramos nuestros relojes, eran las tres. Luego las tres y media, y sin noticias. Seguimos esperando.

Por fin, una de los miembros de la junta salió y se nos quedó mirando, percibiendo la expectación en nuestros rostros. Nos dijo: «No logramos entender esto, pero las dos personas que más se oponen a darles permiso no han llegado aún a la reunión».

Mi pastor asociado y yo nos miramos el uno al otro, y luego volvimos a mirar a la miembro de la junta, que siguió diciendo: «No han llegado, y no podíamos esperarles más. Así que votamos los miembros que estamos dentro, y he salido para decirles que se les ha concedido la ampliación del plazo por un voto de 4 a 3».

Lo que pasó luego fue incluso más increíble. Lo digo de verdad: en cuanto ella nos comunicó aquella noticia, los dos miembros de la junta que faltaban entraron corriendo por la puerta principal, jadeando y sudorosos, sin aliento.

«Sentimos llegar tarde —le dijo uno de ellos—. En nuestra salida de la autopista, hubo un accidente».

Resulta que los dos miembros de la junta que eran nuestros adversarios más feroces acudieron juntos a la reunión. Pero en lugar de llegar a la hora, se quedaron atascados en medio del tráfico durante una hora y media, y se perdieron la votación. Nunca olvidaré aquel día, ni la expresión en el rostro de aquellas dos personas cuando se enteraron de que ya se había celebrado la votación. Para que aprendiésemos algo sobre Él, Dios permitió que nuestra iglesia quedara atrapada entre la espada y la pared, donde no disponíamos de ninguna alternativa buena para elegir. (Al principio del capítulo 3, contaré el desenlace de esta situación).

Yo pensé que mi problema con la junta escolar era grave. Me pregunto qué sentiría Abraham cuando se le pidió que sacrificara al mismísimo cumplimiento de su promesa.

LA PREGUNTA INOCENTE DE ISAAC

A medida que Abraham e Isaac se acercaban al lugar del altar, la curiosidad del muchacho pudo más que él, y le preguntó a su padre sobre aquel episodio de «adoración». En Génesis 22:7 leemos: «Entonces habló Isaac a Abraham su padre, y dijo: Padre mío. Y él respondió: Heme aquí, mi hijo. Y él dijo: He aquí el fuego y la leña; mas ¿dónde está el cordero para el holocausto?».

Era una pregunta inocente. Allí estaban, subiendo por una pendiente bastante empinada y cargados con un montón de leña. Isaac quería asegurarse de que cuando llegasen no tuvieran que dar la vuelta y empezar todo otra vez.

LA RESPUESTA SENCILLA DE ABRAHAM

Hallamos la respuesta en el versículo 8. «Y respondió Abraham: Dios se proveerá de cordero para el holocausto, hijo mío. E iban juntos».

Cuando está atrapado en un dilema sin solución, acaso ¿no es cierto que no tiene ninguna respuesta sólida? Por eso es un dilema sin solución. No sabe cómo van a desarrollarse las cosas. Así como no pudimos prever que el día en que se reunió la junta escolar se produciría un accidente en la autopista, Abraham no sabía cómo iba a sacarlo Dios de aquella situación. Por tanto, se limitó a seguir adelante, diciendo a Isaac: «Hijo, Dios responderá a tu pregunta. Él nos dará la solución a este problema, porque yo no la tengo. Sólo Dios puede arreglarlo. Dios proveerá». La respuesta de Abraham a la pregunta de Isaac fue clara y sencilla: «Dios proveerá».

Padre e hijo siguieron caminando. Al final, Abraham llegó al punto en que debía tomar la decisión última. «Y cuando llegaron al lugar que Dios le había dicho, edificó allí Abraham un altar, y compuso la leña, y ató a Isaac su hijo, y lo puso en el altar sobre la leña» (v. 9).

Me gustaría haber sido un escarabajo en la arena en ese momento de la historia, para ver la expresión en el rostro de Abraham y la reacción de Isaac cuando su padre lo ató y lo tumbó encima de la leña. Quizá el pecho de Abraham se agitaba debido a su respiración esforzada y a los profundos suspiros, fruto tanto de la caminata por la montaña como de la confusión tremenda que lo embargaba en aquel instante.

EL MOMENTO DE LA VERDAD

En el versículo 10, leemos sobre el momento decisivo: «Y extendió Abraham su mano y tomó el cuchillo para degollar a su hijo».

Aquí es donde la progresión del relato se detiene bruscamente. Justo cuando Abraham tomó el cuchillo para matar a su hijo, el ángel del Señor lo llamó. El pasaje dice:

«Entonces el ángel de Jehová le dio voces desde el cielo, y dijo: Abraham, Abraham. Y él respondió: Heme aquí. Y dijo: No extiendas tu mano sobre el muchacho, ni le hagas nada; porque ya conozco que temes a Dios, por cuanto no me rehusaste tu hijo, tu único» (vv. 11-12).

Un momento. ¿No tenemos un problema? Abraham tomó el cuchillo para obedecer radicalmente a Dios. Estaba a punto de degollar a su hijo cuando el ángel del Señor, el Jesús preencarnado, miembro de la deidad trina, lo detuvo y le dijo que no matara a Isaac. Y eso era lo mejor. Hasta ese momento, todo iba bien. ¡Genial, no hay que matar al chico! ¡Gracias, Jesús!

EL ENIGMA

Pero aquí tenemos una revelación sorprendente, cuando Dios pronuncia una frase que es un enigma teológico. Dijo esto:

«Ya conozco que temes a Dios».

Esta es una de esas ocasiones en la Biblia en las que un Dios omnisciente, que lo sabe todo, le habla a un hombre sobre algo que acaba de descubrir. Tenemos entre manos otra contradicción, porque ¿cómo es posible que Dios lo sepa todo, pero acabe de descubrir algo? Esto es lo que parece decirnos esta frase, aunque también encierra otra contradicción evidente sobre la omnisciencia de Dios.

David subrayó la omnisciencia divina cuando escribió:

«Oh Jehová, tú me has examinado y conocido. Tú has conocido mi sentarme y mi levantarme; has entendido desde lejos mis pensamientos. Has escudriñado mi andar y mi reposo, y todos mis caminos te son conocidos. Pues aún no está la palabra en mi lengua, y he aquí, oh Jehová, tú la sabes toda» (Sal. 139:1-4).

Dios sabe todo lo que ha pasado, sucede o sucederá. No solo sabe todo lo que pasa ahora, sino todo lo que puede pasar. No solo sabe lo que existe, sino también lo que podría haber sido o puede ser. En el Nuevo Testamento, encontramos que Jesús hace esta afirmación: «¡Ay de ti, Corazín! ¡Ay de ti, Betsaida! Porque si en Tiro y en Sidón se hubieran hecho los milagros que han sido hechos en vosotras, tiempo ha que se hubieran arrepentido en cilicio y en ceniza» (Mt. 11:21). Con estas palabras, Jesús les decía que sabía lo que podría haber pasado.

LO QUE SABE DIOS

Sin embargo, aunque Dios sabe todo lo real y lo probable, hemos de recordar que no necesariamente sabe todo de forma empírica. Ahora bien, antes de que cierre este libro y salga corriendo a enviarme un largo y crítico correo electrónico sobre lo que acabo de decir, siga leyendo un poco. Por ejemplo, si yo le preguntara: «¿Sabe Dios cómo se siente alguien cuando peca?», le sugeriría que no podría decirnos cómo se siente Él al pecar, dado que nunca ha tenido esta experiencia. Cuando Jesús llevó nuestros pecados en la cruz, eran *nuestros* pecados. Dios nunca ha tenido la experiencia de cometer un pecado.

¿Sabe Dios lo que es el pecado? Por supuesto. Dios sabe todo lo que puede saberse sobre el pecado, pero no lo ha practicado. Nunca ha pecado. Por lo tanto, cuando el ángel del Señor le dice a Abraham «ahora conozco», no está hablando de un conocimiento informativo. Por lo que respecta a la información, Dios es omnisciente. Lo que Dios dice a Abraham es: «Ahora he experimentado que me temes».

Dios es un Dios de información y de conocimiento, pero también es un Dios de experiencia. Penetra en nuestras emociones, por usar una terminología humana. Y también escucha nuestra alabanza. No se limita a reclinarse, relajarse y decir: «Ya sé lo que es la alabanza. Tengo disponible toda la información sobre la alabanza. De hecho, sé quién va a alabarme, quién me alaba ahora y quién lo ha hecho en el pasado; lo que es más, sé quién me alaba de corazón. No necesito que nadie me alabe, porque ya sé todo lo que hay que saber sobre la alabanza». Sin embargo, la Biblia nos dice que Dios está sentado en su trono sobre las alabanzas que le ofrecemos (ver Sal. 22:3). Estar entronizado sobre algo supone, en este caso, habitar entre las alabanzas y ser partícipe de ellas. Dios participa, con un propósito y voluntariamente, en la experiencia.

¿Por qué Dios se hizo hombre? No solo para redimirnos de una vida de castigo y separación eternos, sino también para participar de la experiencia humana. Si Él ahora puede simpatizar con nosotros es porque Jesucristo se hizo hombre. El escritor de Hebreos nos dice: «Porque no tenemos un sumo sacerdote que no pueda compadecerse de nuestras debilidades, sino uno que fue tentado en todo según nuestra semejanza, pero sin pecado» (He. 4:15). Jesús puede identificarse con nosotros porque ha pasado por todo lo que experimenta una persona, excepto el pecado.

Por tanto, cuando el ángel del Señor dijo: «Ya conozco que temes a Dios», fue porque ahora había tomado parte en una experiencia. Dios se introduce en el momento del tiempo cuando experimenta y siente el amor del que cantamos, hablamos y en el que pensamos.

«¿Dices que me darás a tu hijo? —le preguntó Dios a Abraham—. Ahora lo sé. Lo sé por experiencia. Me has elegido por encima de aquello a lo que más amas en este mundo».

Un motivo por el que Dios nos pone a usted y a mí entre la espada y la pared es para darnos la oportunidad de mantener una experiencia relacional con Él. Nos mete en un dilema sin solución para poder solicitarnos que le entreguemos a nuestro propio «Isaac».

¿Cuál es su «Isaac»? Es algo que ama, atesora o valora más que cualquier otra cosa. Dios desea que lo amemos por encima de lo más valioso que hay en nuestras vidas. De esa forma, hallamos la vida abundante: cuando experimentamos una faceta de Dios que muy pocos conocen. Descubrimos cosas de Él que otros nunca llegan a disfrutar, así como le sucedió a Abraham.

UN DIOS PACIENTE AGUARDA

En la situación de Abraham, Dios reveló su provisión solo después que Abraham le obedeció. Segunda de Pedro 3:9 nos dice: «El Señor no retarda su promesa, según algunos la tienen por tardanza, sino que es paciente para con nosotros, no queriendo que ninguno perezca, sino que todos procedan al arrepentimiento». Dios ya ha hecho su promesa, sin embargo aquí también leemos que espera paciente una respuesta de nosotros antes de que la cumpla.

Hay algunas cosas que Dios inicia, en su soberanía, simplemente porque así lo decide. Pero hay muchas cosas que hace Dios, y me atrevería a decir que la mayoría de ellas, que están vinculadas a nuestros actos.

Vemos esto en distintas ocasiones en el pacto mosaico, cuando Dios dice: «Si hacen esto, yo haré eso otro». O: «Si no hacen esto, yo haré eso». A menudo, aguarda para ver qué haremos y luego responde conforme a su carácter. Comprender esta verdad teológica esencial puede cambiarnos la vida. Es uno de los principios más importantes que podamos aprender jamás. Saca el tema de la obediencia de una categoría de «normas» y lo sitúa en la de «participación relacional». La obediencia libera a Dios para que responda del modo que ha prometido hacerlo.

Comprender la obediencia a través de esos ojos la convierte en algo vivo para mí, porque no me limito a seguir una lista de «haga esto» y «no haga esto». Accedo a una relación de pacto con un Dios que no puede mentir y que mantendrá su parte del acuerdo cuando yo le revele, por medio de mis pies, que creo que cumplirá su parte. Esto hace que yo mismo prepare el escenario para que Dios intervenga en mis circunstancias, relaciones, trabajo, hogar o vida. Hago lo mismo que hizo Abraham cuando tomó el cuchillo para matar al hijo de la promesa.

¿Qué sucedió después que el ángel del Señor habló con Abraham? Seguimos leyendo:

«Entonces alzó Abraham sus ojos y miró, y he aquí a sus espaldas un carnero trabado en un zarzal por sus cuernos; y fue Abraham y tomó el carnero, y lo ofreció en holocausto en lugar de su hijo.

Y llamó Abraham el nombre de aquel lugar, Jehová proveerá. Por
tanto se dice hoy: En el monte de Jehová será provisto» (Gn. 22:13-14).

Poco sabía Abraham que mientras él iba ascendiendo por la falda
de la montaña, Dios hacía subir por la otra pendiente su solución.
Mientras Abraham trepaba por el sendero escarpado, el carnero iba
subiendo por el otro lado. Pero el patriarca no podía saber eso antes
de tiempo, porque Dios no piensa revelar sus propósitos hasta que
hayamos obedecido.

Dios no le demostró nada a Abraham hasta que este tomó el
cuchillo para matar a su hijo. Que Abraham se levantase temprano
esa mañana no fue suficiente. Tampoco lo fue que buscara leña ni
que subiese monte arriba.

Dios le mostró a Abraham el carnero cuando él hizo lo que Dios
le había dicho. Hará lo mismo por nosotros cuando hagamos lo que
nos ha ordenado hacer.

Si alguna vez se encuentra atrapado entre la espada y la pared,
o si está ahora mismo en esa situación, recuerde que obedecer a
medias no logrará nada. La obediencia que Dios desea debe comple-
tarse antes que usted experimente la abundancia de conocer a Dios
de forma directa, como su Proveedor.

VER A DIOS DE UNA FORMA NUEVA

Dios no se limitó a darle un carnero a Abraham; le dio mucho
más. En los siguientes versículos, leemos:

«Y llamó el ángel de Jehová a Abraham por segunda vez desde el
cielo, y dijo: Por mí mismo he jurado, dice Jehová, que por cuanto
has hecho esto, y no me has rehusado tu hijo, tu único hijo; de
cierto te bendeciré, y multiplicaré tu descendencia como las
estrellas del cielo y como la arena que está a la orilla del mar; y tu

descendencia poseerá las puertas de sus enemigos. En tu simiente serán benditas todas las naciones de la tierra, por cuanto obedeciste a mi voz» (Gn. 22:15-18).

¿Ha notado lo que dice Dios? «Como no me has negado aquello que te pedí, Abraham, que era lo más valioso de tu vida, te bendeciré grandemente —le prometió Dios—. Porque me has obedecido, me verás de una manera distinta».

Unos cuantos miles de años después, el escritor de Hebreos enfatizó esta promesa a los seguidores de Jesús:

«Porque cuando Dios hizo la promesa a Abraham, no pudiendo jurar por otro mayor, juró por sí mismo, diciendo: De cierto te bendeciré con abundancia y te multiplicaré grandemente. Y habiendo esperado con paciencia, alcanzó la promesa. Porque los hombres ciertamente juran por uno mayor que ellos, y para ellos el fin de toda controversia es el juramento para confirmación. Por lo cual, queriendo Dios mostrar más abundantemente a los herederos de la promesa la inmutabilidad de su consejo, interpuso juramento; para que por dos cosas inmutables, en las cuales es imposible que Dios mienta, tengamos un fortísimo consuelo los que hemos acudido para asirnos de la esperanza puesta delante de nosotros» (He. 6:13-18).

DIOS ES INMUTABLE

El escritor de Hebreos nos habla de un relato del Antiguo Testamento para enunciar una verdad del Nuevo: Dios es inmutable. Él menciona «dos cosas inmutables sobre las que es imposible que Dios mienta».

¿Cuáles son esas cosas inmutables? Las promesas de Dios y su juramento.

Veinticinco años antes de que Sara concibiese a su hijo, Dios le hizo una promesa a Abraham: «Y haré de ti una nación grande… y serás bendición» (Gn. 12:2). Pero aun así, Abraham tuvo que esperar veinticinco años.

Una promesa es algo que sucederá, pero que a menudo requiere una espera. Existe una diferencia entre una promesa y un juramento. Un juramento se hace cuando es el momento de que se cumpla, mientras que una promesa no siempre tiene asociado el factor tiempo. Todos hemos experimentado esto. En la Biblia, leemos sobre las promesas de Dios y hemos citado que son «sí y amén». Pero aun así aguardamos a que se cumplan.

Sin embargo, cuando Dios está dispuesto a hacer un juramento, es porque está listo para actuar. Veamos el ejemplo de Abraham. En el capítulo 12 de Génesis, Dios le hizo una promesa. La repitió en el capítulo 15, y de nuevo en el 17. Pero en el capítulo 22, Dios le dijo a Abraham: «Por mí mismo he jurado».

Esto es un juramento.

Esta es la belleza de un juramento. Cuando Dios hace un juramento, usted ya no tiene que hacer nada. Se acabó la espera.

Los veinticinco años que Abraham tuvo que esperar para recibir la promesa de su hijo fue el tiempo que Dios usó para desarrollar en aquel hombre el tipo de fe que lo impulsaría a subir por la pendiente de un monte cuando, más tarde, Dios le pidiera hacerlo. Si usted piensa en Abraham y en cómo era él al principio, ciertamente podríamos describirlo como despreciable.

Abraham mintió sobre su esposa, diciendo que era su hermana porque tenía miedo de que alguien le diera una paliza o incluso lo matase (Gn. 20). Se impacientó frente a la promesa de Dios de que tendría un hijo, de modo que engendró uno en su criada (Gn. 16).

Dios sabía que Abraham tenía sus defectos, por eso le hizo una promesa anticipadamente para que, algún día, superara esas lacras.

Cuando Dios vio que la fe de Abraham había alcanzado aquella cota, hizo un juramento.

En aquel entonces, Dios no solo hizo un juramento a Abraham, sino que cuando leemos el relato que hace Santiago de esta historia en el Nuevo Testamento, descubrimos que el patriarca recibió incluso más.

Santiago pregunta a sus lectores: «Hermanos míos, ¿de qué aprovechará si alguno dice que tiene fe, y no tiene obras? ¿Podrá la fe salvarle?» (Stg. 2:14). Sabemos que no está hablando de la salvación eterna, porque se dirige a un grupo de personas que ya van de camino al cielo. Los ha llamado «hermanos míos».

La salvación a la que se refiere Santiago es la misma de la que habla en el capítulo 1 cuando escribe: «Por lo cual, desechando toda inmundicia y abundancia de malicia, recibid con mansedumbre la palabra implantada, la cual puede salvar vuestras almas» (v. 21). Santiago habla de una vida de transformación que tiene lugar cuando la Palabra de Dios santifica nuestras almas.

Ahora, en Santiago 2:15-16, el apóstol distingue entre una fe útil y otra inútil. Escribe: «Y si un hermano o una hermana están desnudos, y tienen necesidad del mantenimiento de cada día, y alguno de vosotros les dice: Id en paz, calentaos y saciaos, pero no les dais las cosas que son necesarias para el cuerpo, ¿de qué aprovecha?».

Todos nosotros tenemos cierto grado de fe, pero no todos tenemos una fe útil. Santiago describe la fe inútil más a fondo: «Así también la fe, si no tiene obras, es muerta en sí misma» (v. 17).

Más adelante, Santiago ilustra esta idea recurriendo a la vida de Abraham:

«¿No fue justificado por las obras Abraham nuestro padre, cuando ofreció a su hijo Isaac sobre el altar? ¿No ves que la fe actuó juntamente con sus obras, y que la fe se perfeccionó por las obras? Y se cumplió la Escritura que dice: Abraham creyó a Dios, y le fue contado por justicia, y fue llamado amigo de Dios» (vv. 21-23).

SER AMIGOS DE DIOS

¿Lo ha entendido? Abraham obtuvo más que una promesa. Abraham alcanzó más que un juramento: Abraham consiguió que Dios mismo lo llamase su amigo. ¿Cuándo fue conocido Abraham como amigo de Dios? Cuando actuó con fe obedeciendo su mandato. Abraham accedió a un círculo íntimo formado por un grupo único de personas y Dios. No se me ocurre nada que me gustaría más en esta vida que ser conocido como amigo de Dios.

Una de las maneras en que usted y yo podemos ser llamados amigos de Dios es siguiendo el ejemplo de Abraham, sobre todo cuando quedó atrapado entre la espada y la pared. ¿Recuerda la primera reacción de Abraham cuando le dijeron que llevara a su hijo a la montaña para sacrificarlo? «Y Abraham se levantó muy de mañana...» (Gn. 22:3).

Es fácil pasarlo por alto, pero estas siete palabritas rebosan fuerza y significado. Cuando Abraham se vio entre la espada y la pared, esas siete palabras nos dicen que ni siquiera dudó. Abraham se levantó temprano para proseguir con lo que parecía una catástrofe definitiva.

El motivo por el que Abraham no vaciló lo encontramos en una referencia clave neotestamentaria a esta historia, que figura en el capítulo 11 de Hebreos.

«Por la fe Abraham, cuando fue probado, ofreció a Isaac; y el que había recibido las promesas ofrecía su unigénito, habiéndosele dicho: En Isaac te será llamada descendencia; pensando que Dios es poderoso para levantar aun de entre los muertos, de donde, en sentido figurado, también le volvió a recibir» (vv. 17-19).

¿Recuerda aquella contradicción inexplicable con la que Dios

ENTRE LA ESPADA Y LA PARED

exigió la muerte del hijo de Abraham? Dios, que actúa en consonancia con su carácter, es el vencedor de la muerte, y *Abraham lo creía*. (Además, Dios pidió a Abraham que sacrificase, no que asesinara, a su hijo. Mirando atrás, vemos que Dios había planificado entregar un carnero como sustituto).

Abraham creía que, incluso si le quitaba la vida a Isaac, Dios tenía poder para resucitarlo. Abraham sabía que Dios no podía mentir. Y si Dios no puede mentir, entonces Abraham sabía que Él no había acabado con la vida de Isaac. Se fundamentaba en el hecho de que el Dios al que no podía comprender tenía poder para superar toda confusión. Se afianzaba en la omnipotencia de Dios, incluso cuando no entendía la omnisciencia. Todo lo basaba en la fidelidad de Dios, incluso cuando nada tenía sentido.

Déjeme que le explique algo sobre Dios: Él es inexplicable. Es el Dios que no se puede imaginar. Sus caminos no son los nuestros. Sus pensamientos no son los nuestros. Tiene un millón de maneras de acertarle a una diana con una flecha torcida.

No pierda el tiempo intentando averiguar *cómo* va a hacerlo Dios. No pierda el tiempo queriendo saber *cuándo* lo hará ni haciendo hipótesis sobre *dónde* piensa hacerlo. No pierda su tiempo, porque jamás podrá entender a Dios. Él no le dirá nada hasta que sea el momento de hacerlo. El motivo es que quiere que usted lo descubra, y quiere experimentarlo a usted en un grado totalmente nuevo.

Después del cuchillo y el carnero, Abraham ya no fue el de siempre. Fue amigo de Dios. Como Abraham era amigo de Dios, sus bendiciones abarcaron más allá de sí mismo, como antes leímos: «de donde, en sentido figurado, también le volvió a recibir».

¿Qué quiere decir «en sentido figurado»? Es algo físico que representa algo más grande espiritualmente. Por ejemplo, los sacrificios realizados en el Antiguo Testamento eran un sentido figurado de Cristo y de su sacrificio.

Por eso, cuando leemos que Abraham recuperó a Isaac no solo como una realidad física para un padre físico, sino también «en sentido figurado», vemos una representación de un principio espiritual destinado a todos nosotros en el día de hoy. El principio espiritual que mencioné antes es este: Dios es capaz de obrar sobrenaturalmente en las contradicciones de la vida, para llevar a cabo cosas que son inexplicables.

SIGA ADELANTE A PESAR DE LAS CONTRADICCIONES

Todo lo que necesitamos saber en medio de nuestro dilema sin solución es que Dios no solo es capaz de resucitar a los muertos, sino también de hacer muchas cosas más. Cuando sepamos esto, no solo intelectualmente, también nos levantaremos muy de mañana para hacer lo que Dios ha dicho.

Para quienes temen a Dios, la fe debe funcionar en medio de las tensiones de la vida. A pesar de lo duro que fue, Abraham se levantó para ir y adorar a Dios. A pesar de que era una contradicción, Abraham puso las albardas a su asno para subir por la montaña. Aunque se encontraba entre la espada y la pared, Abraham juntó la leña que pondría en el altar para obedecer a Dios. Abraham creyó a pesar de todo. Abraham actuó a pesar de todo y también fue adonde debía.

Me pregunto si alguno de nosotros se ha encontrado en una situación en la que adorar a Dios, o creer en Él o seguirlo ha estado unido con un «a pesar de todo». ¿Alguna vez se ha enfrentado a una prueba en la que usted sabía que lo que decía la Biblia no era lo que Dios parecía hacer? ¿Alguna vez ha estado en una situación en la que el modo de actuar de Dios no correspondía con lo que usted sabía que Él había prometido? ¿Ha experimentado tiempos cuando usted sabía que Dios le decía que lo amaba, pero el trato que le dispensaba parecía indicar lo contrario? Sin embargo, Él espera que lo siga y lo obedezca incluso cuando lo que hace no parece tener ningún sentido.

ENTRE LA ESPADA Y LA PARED

Yo sí he pasado por eso y sospecho que si usted ha empezado a leer este libro es porque también lo ha experimentado, conoce a alguien que ha tenido esos problemas o se encuentra ahora mismo en esa situación.

Lo que quiero recordarle a medida que seguimos avanzando por las historias de otros hombres y mujeres, durante los capítulos restantes, es que cuando Dios lo pone a usted, a mí o a cualquier otra persona entre la espada y la pared (en un dilema sin solución), donde literalmente parece que no hay una forma airosa de salir de la situación, lo hace porque está a punto de suceder algo importante.

Sin embargo, nunca veremos este acto significativo de Dios en nuestras vidas si no seguimos el ejemplo de Abraham de hacer lo que Dios dice... a pesar de todo.

Lo animo a que siga dando pasos en medio de la contradicción, a pesar de todo.

Dios es un Dios que no solo da vida a los muertos y cumple sus promesas, sino que anhela llamarle su amigo.

EN APUROS

1. Cuando Isaac preguntó a su padre dónde estaba el cordero para el sacrificio, ¿cuál fue la respuesta sencilla de Abraham?

2. ¿Cómo ofreció Dios una salida al dilema de Abraham? Lo que es más importante, según Génesis 22:12, ¿por qué ofreció Dios una salida?

3. Confiar en Dios con nuestro «Isaac», con cualquier cosa que amemos, atesoremos o valoremos más que nada, es una elección difícil, pero optar por no hacerlo significa demostrar que estimamos ese tesoro por encima de Dios.

¿Qué es su «Isaac»? Si Dios le pidiera que lo entregase, ¿cree que podría hacerlo?

4. Abraham tuvo que esperar veinticinco años para que la promesa de tener un hijo se hiciera realidad. Durante ese tiempo, Dios hizo que Abraham arreglase al menos dos problemas: la impaciencia y la mentira (Gn. 16; 20). ¿Qué tema pendiente en su vida podría explicar una situación «entre la espada y la pared» que haya experimentado o está experimentando hoy?

3

Moisés y los israelitas

RECLAME SUS DERECHOS DEL PACTO

¿RECUERDA CÓMO INTERVINO DIOS después de que una junta escolar nos pidiera que dejásemos de celebrar los cultos en su escuela? El Señor impidió que dos de nuestros adversarios más feroces llegaran a la reunión a tiempo para negarnos el permiso.

Nos dieron una ampliación de seis meses para encontrar otro local. Sin embargo, al final nos encontramos frente a otro dilema sin solución. Teníamos una congregación cada vez mayor, y al cabo de ese medio año aún no teníamos adónde ir.

Mientras iban pasando los días, decidimos que lo mejor que podríamos hacer era adquirir un local propio. Un puñado de nosotros comenzó a buscar locales en venta. Poco después de haber empezado, nos enteramos de que había una iglesia diminuta con tejado a dos aguas que pronto saldría al mercado. Podía albergar a unas doscientas cincuenta personas. No solo estaba situada en una de las calles principales de nuestra zona de Dallas, sino que incluía dos acres de terreno.

Descubrí que ya conocía al pastor de aquella iglesia, y que sus miembros se preparaban para un traslado a otra propiedad en la zona suburbana. Lo que más me gustaba de aquella pequeña iglesia era su potencial. A su alrededor, se extendían muchos acres de terreno intacto. Cuando la vi, no pensé tanto en el pequeño edificio en forma de A, sino en todas sus posibilidades para ampliarlo. Todos aquellos acres de hierba y árboles estaban encajados en medio de un próspero vecindario de Dallas. Sabía que, si lográbamos quedarnos con aquella pequeña capilla, quizá algún día podríamos adquirir todos los terrenos colindantes.

Así que mantuve una entrevista con el pastor. Le dije que me había enterado de que estaban pensando en marcharse. Me dijo que era cierto y que estaban preparándose para poner a la venta su edificio uno de aquellos días. Le pregunté por cuánto dinero esperaba venderla. Me dijo que por doscientos mil dólares.

Daba igual que hubiese dicho dos *millones* de dólares, porque como iglesia no es que fuéramos «pobres»; éramos, como decimos en el lugar del que provengo, «pooobres». Podemos traducirlo como «superpobres». Seguramente en el banco no teníamos más de dos mil dólares. No teníamos propiedades. No nos avalaba ninguna garantía. Ni siquiera teníamos suficiente para dar un anticipo o seña. El pastor dijo que quería vendernos la iglesia, pero que necesitaba todo aquel dinero para poder trasladarse a la zona suburbana.

Pero luego añadió: «Tony, te diré qué haremos. Durante todo el mes que viene, no sacaremos la iglesia al mercado, por si el Señor quiere que se la queden. Tienen treinta días para ver si actúa a su favor».

Como dije antes, cuando Dios me pone, o lo pone a usted o a cualquier otra persona, entre la espada y la pared, lo hace porque está a punto de suceder algo importante. Y aquello volvía a ser una espada y una pared. Estábamos ante un dilema sin solución: el edificio de la iglesia, su situación geográfica y los terrenos parecían perfectos para nuestra visión, que era alcanzar a la comunidad de Dallas. Pero no teníamos el dinero. No teníamos tiempo. Solo teníamos treinta días para reunir doscientos mil dólares.

Rápidamente, telefoneé a algunos bancos para consultar la concesión de un préstamo. Todos nos rechazaron. Así que oramos: «Señor, si quieres que dispongamos de este edificio para la obra que estás haciendo, necesitamos nada menos que una intervención sobrenatural de tu parte. Y necesitamos que intervengas en menos de treinta días».

LLEGAN BOB 1 Y BOB 2

Pocas semanas después, tuve la idea de telefonear a un amigo mío que estaba metido en el negocio inmobiliario. Le pregunté a Bob si podría reunirme con él para hablar sobre ideas de cómo comprar aquella propiedad, sin contar con el dinero ni con un aval.

Bob accedió a que nos viéramos. Fui con el automóvil hasta su despacho, situado al norte de Dallas. Nos sentamos y examinamos diversas opciones sobre la iglesia y el terreno. No llevábamos mucho rato hablando, cuando un hombre llamado Robert, al que llamaré Bob 2, pasó frente a la puerta. Los dos Bobs se saludaron, y Bob 2 siguió su camino.

Mi amigo Bob y yo seguimos hablando sobre el inmueble de la iglesia. Al cabo de un rato, me di cuenta de que el hombre que había pasado por allí antes, el otro Bob, estaba de pie en la puerta. Bob 1 y yo seguimos hablando. Bob 2 estaba allí, de pie, sin decir ni palabra. ¿Sabe lo mucho que molesta intentar mantener una conversación seria con una persona, cuando llega otra que no fue invitada y se mete en medio? Como soy predicador, siento una presión adicional para intentar mantenerme sereno, pero la situación era irritante.

Pensé: *¿Por qué se ha entrometido este hombre en nuestra reunión? Yo no lo invité. Ni siquiera lo conozco.* Pero, como predicador, me quedé allí sentado, procurando ser educado.

Luego, la situación fue de mal en peor. Mientras yo seguía hablando con mi amigo Bob, Bob 2 decidió entrar en el cuarto y sentarse. Mis pensamientos pasaron raudos de lo cristiano a lo carnal, porque lo cierto era que estaba muy irritado. Tenía que encontrar la manera de comprar un inmueble de doscientos mil dólares en dos semanas, los bancos nos habían cerrado las puertas, y no teníamos dinero. Ahí estaba mi única oportunidad de reunirme con un especialista en inmuebles durante unos minutos, para buscar posibilidades, y un desconocido llamado Bob había decidido meterse en nuestra reunión a charlar. ¡Por favor!

En ese entonces, Bob 2 procedió a controlar la dirección de la conversación, formulándome una serie de preguntas. Hice lo posible por mostrarme lo más cortés que podía. Respondí exhaustivamente a sus preguntas. Descubrí que era un agente inmobiliario que trabajaba en otra empresa y compartía las instalaciones con la empresa de Bob 1. Los dos Bobs eran amigos, por supuesto, y pronto Bob 2 me dijo que era cristiano y asistía a una iglesia local. Pero no me contó mucho más. Solo hizo muchas preguntas.

Aquel interrogatorio se prolongó durante cuarenta minutos. Al final no me quedó tiempo para charlar con mi amigo Bob. Decidimos concluir la reunión, porque se nos había acabado el tiempo.

BOB 2 SE PONE EN MARCHA

Así que allí estaba, a punto de tomar mis cosas, frustrado porque creía que habíamos desperdiciado la reunión. Intenté no dejar que se manifestasen esas emociones, porque quería representar a Dios del modo que hay que reflejarlo.

Afortunadamente, no mostré mis emociones, porque justo entonces, en medio de todos aquellos sentimientos contradictorios, Bob 2 hizo algo que yo no hubiera podido imaginar. Primero, metió la mano en el abrigo y sacó un talonario. Luego, me extendió un cheque por el importe total de doscientos mil dólares.

Ahora bien, no había visto en mi vida a aquel hombre. Sin embargo, después de una conversación de cuarenta y cinco minutos, me extendió un cheque por la cantidad exacta del precio de compra de la propiedad que necesitábamos comprar. Eso no era suerte. Era Dios. Esta era una provisión al estilo de Dios para disponer de un edificio con tejado a dos aguas y con dos acres de terreno.

Hoy día tenemos ciento sesenta acres de terreno en torno a aquella capilla en forma de A. Ese terreno está situado en medio de una comunidad residencial de Dallas. Si hoy usted recorriera en coche la Camp Wisdom Road, donde está nuestra iglesia, vería plasmados sesenta millones de dólares en desarrollo de nuestro local, desde la época en que Bob 2 extendió aquel cheque.

Dios nos puso entre la espada y la pared porque quería que nosotros, y todo el mundo, supiéramos que Él era el único capaz de sacarnos de aquella situación. Solo Dios puede recibir el crédito por lo que ha hecho en la Camp Wisdom Road en Dallas, Texas.

Recuerde: cuando Dios lo coloca entre la espada y la pared, tiene preparado algo importante para su vida. No se rinda; manténgase firme. Siga avanzando. Dios permite que hallemos contradicciones para llevarnos a un nuevo nivel espiritual. Permite, y a menudo genera, dilemas sin solución para concedernos una nueva experiencia espiritual que nos ofrezca una visión de Él mayor que la que teníamos antes.

No, es cierto que cuando usted se encuentra en medio de esas situaciones, no es muy agradable. Pero hay una cosa en la que puede confiar: si el propio Dios lo pone entre la espada y la pared, será por algo importante. Esas circunstancias son intencionadas, tienen un propósito y, cuando reaccionamos adecuadamente a ellas por medio de la fe visible, son muy provechosas.

EL NACIMIENTO DE UNA NACIÓN

Tengamos en mente esa lección al examinar un tipo distinto de dilema sin solución, uno por el que pasó el pueblo de Israel. En Éxodo 2, los israelitas se encontraban en una mala situación. Por medio de una serie de acontecimientos (registrados en el libro de Génesis), Dios había dado origen a una nación —descendiente de Abraham, Isaac y Jacob— en un territorio pagano llamado Egipto. Allí la nación de Israel se multiplicó gracias a los doce hijos de Jacob (a quien se le había dado el nombre Israel). Al final, los descendientes de Jacob pasaron a ser prisioneros en Egipto, esclavos del faraón.

Primero, leemos que clamaron debido a su esclavitud: «Aconteció que después de muchos días murió el rey de Egipto, y los hijos de Israel gemían a causa de la servidumbre, y clamaron; y subió a Dios el clamor de ellos con motivo de su servidumbre» (v. 23).

¿Ha suspirado usted alguna vez por las circunstancias? En esos momentos, mira a su alrededor y lo mejor que puede hacer es respirar hondo y luego exhalar el aire en un suspiro. Las cosas no mejoran. En lugar de despertarse por la mañana y decir: «Gracias, Dios, por otro día», abre los ojos y suspira: «¡Ay!… Otro día».

Así es exactamente como se sentía el pueblo de Israel. Su situación llevaba tanto tiempo siendo mala que lo único que podían hacer era suspirar. Y de esos suspiros, brotó el clamor a Dios.

RECORDANDO EL PACTO

Y Dios los escuchó. «Y oyó Dios el gemido de ellos, y se acordó de su pacto con Abraham, Isaac y Jacob» (v. 24).

Fíjese en que «Dios se acordó de su pacto». Un término dominante de esta expresión que a menudo leemos en las Escrituras es «pacto». Dediquemos un instante a desvelar la verdad espiritual asociada con un pacto antes de profundizar en la historia, porque en muchas situaciones tiene una gran influencia. Si puede captar y aplicar esta verdad espiritual, entonces estará en el camino correcto hacia una existencia terrenal dinámica y satisfactoria.

Dios obra en la historia no solo en el nivel personal, sino también en un nivel contractual. Este nivel contractual es lo que se llama «pacto». Un pacto es un acuerdo espiritualmente vinculante que Dios hace con los hombres, por el cual acuerda hacer determinadas cosas en beneficio de ellos. A menudo llamamos a esas cosas «bendiciones», que están unidas a ciertas condiciones. Un pacto es un acuerdo contractual que Dios ha hecho con la humanidad.

CUATRO PACTOS DEL ANTIGUO TESTAMENTO

En el capítulo 1, describimos el pacto abrahámico. Dios estableció un acuerdo con Abraham, diciéndole que lo bendeciría para que fuese de bendición a otros. El pacto abrahámico es aquel que Dios recuerda en este pasaje que examinamos de Éxodo, donde dice: «Dios se acordó de su pacto».

Más tarde, Dios estableció un pacto con Moisés y los hijos de Israel y, más adelante todavía, con el rey David. En el pacto mosaico, Dios dijo: «Si oyeres atentamente la voz de Jehová tu Dios… vendrán sobre ti todas estas bendiciones». Y, por el contrario: «Si no oyeres la voz de Jehová tu Dios… vendrán sobre ti todas estas maldiciones» (Dt. 28:1-2, 15). Esto viene seguido de una lista. En el pacto davídico, Dios anunció que el Rey eterno de Israel vendría del linaje de David. También tenemos el pacto palestino, que prometía que la tierra de Palestina sería de Israel, motivo por el que hoy existe semejante conflicto.

NUESTROS DERECHOS DEL PACTO

Usted y yo, como seguidores del Rey Jesús, estamos bajo un pacto: el nuevo pacto. Se describe en el libro de Jeremías: «He aquí que vienen días, dice Jehová, en los cuales haré nuevo pacto con la casa de Israel y con la casa de Judá» (31:31). En este pacto, Dios hace referencia a la relación y a la unción del Espíritu Santo por medio de la sangre de Jesucristo.

El nuevo pacto tiene un fundamento espiritual, formulado a creyentes en Cristo y basado en la muerte sacrificial, la expiación y la resurrección de Jesucristo. Los cristianos admiten y afirman este nuevo pacto cada vez que toman la comunión.

Una de las principales afirmaciones vinculadas con el acto de la Cena del Señor proviene de Jesús, quien durante la Última Cena dijo: «Esta copa es el nuevo pacto en mi sangre; haced esto todas las veces que la bebiereis, en memoria de mí» (1 Co. 11:25; ver Lc. 22:20). Esta referencia esencial a lo que se convertiría en la Cena del Señor la desarrolló Pablo, quien dijo: «La copa de bendición que bendecimos, ¿no es la comunión de la sangre de Cristo?» (1 Co. 10:16). Luego el apóstol se refirió al pan dentro del mismo contexto. ¿Por qué se refirió Pablo a la copa y al pan en el contexto de la bendición? Porque Dios, de una manera única, se manifiesta durante el momento de la Comunión para responder a sus acuerdos del pacto.

La Comunión no es solo ese momento de luces amortiguadas, música suave y ojos cerrados. Cuando Jesús dice: «Esta copa es el nuevo pacto en mi sangre; haced esto… en memoria de mí», nos recuerda que reconozcamos más que lo que sucedió hace dos mil años. Nos recuerda que pensemos en las consecuencias de lo que sucedió en la cruz a la luz del nuevo pacto para el día de hoy. Pero si usted no conoce y comprende el nuevo pacto, no usará los términos de esta nueva disposición en el presente. No obtendrá los beneficios plenos del nuevo pacto, porque los pactos están vinculados con la participación.

El nuevo pacto está vinculado con nuestra relación con el Espíritu Santo. En el Antiguo Testamento, Dios Padre estaba en la portada de los periódicos. En los Evangelios, Dios Hijo fue la noticia principal. En la era de la Iglesia, Dios Espíritu es la noticia de portada. Vivimos en la era del Espíritu Santo. Por eso, si no existe una relación dinámica con el Espíritu Santo, todas las disposiciones que Dios ha estipulado por medio del pacto no se cumplirán plenamente, porque no sabremos que son nuestras ni cómo deben ser accesibles para nosotros.

¿Recuerda la parábola de Jesús sobre la viuda insistente? «Un juez, que ni temía a Dios, ni respetaba a hombre» se enfrentó a una viuda que acudía a él una vez tras otra, pidiéndole que la protegiera de su adversario. «Y él no quiso por algún tiempo —dijo Jesús—, pero después de esto dijo dentro de sí: Aunque ni temo a Dios, ni tengo respeto a hombre, sin embargo, porque esta viuda me es molesta, le haré justicia, no sea que viniendo de continuo, me agote la paciencia» (Lc. 18:2-5).

La viuda siguió acosando al juez hasta que este cedió. Pero no cedió porque ella le gustase. Cedió porque la petición de ella era insistente. Tendemos a pensar que la idea exclusiva de esta parábola es predicar, enseñar o ser persistentes. Pero no quiero que nos perdamos algo igual de importante. Dos veces en este breve pasaje leemos que la viuda insistió al juez porque tenía derechos *legales*. Hacerle justicia era su derecho legal. No lo incordiaba solamente porque quisiera obtener algo. La viuda siguió molestándolo porque tenía derechos legales, y el juez, la obligación profesional de hacerlos valer.

Usted y yo tenemos derechos legales, concretamente en el cielo. Cuando usted se convirtió en hijo de Dios, entró en un pacto con Él que le otorgó ciertos derechos legales. De la misma manera que usted tiene derechos constitucionales e inalienables como ciudadano de su país por haber nacido allí, cuando nació de nuevo, por medio de su relación con Jesucristo, recibió los derechos del nuevo pacto. Por tanto, cuando el Señor dice que tomemos la Comunión en memoria de Él, no dice simplemente que recordemos que murió, sino también que recordemos los derechos que hemos recibido en relación con su muerte, por medio del nuevo pacto.

La mesa de la Comunión no está destinada solamente a ser un momento espiritual, donde nos embargan sentimientos hacia Cristo y su sacrificio, aunque estos formen parte del proceso. También va destinada a ser un vínculo del pacto con los derechos legales que su muerte aseguró para usted.

Cuando antes leímos sobre la esclavitud de Israel, vimos que cuando los israelitas clamaron a Dios, Él recordó su pacto. Se acordó de su compromiso y recordó los derechos de ellos. En otras palabras, Dios no solo respondía a su clamor y a su oración, sino también a la obligación que había contraído con ellos. A falta de una manera mejor de expresarlo, podemos decir que Dios es «rehén» de su palabra. Puede estar sujeto a su propia palabra porque Él mismo decide estarlo. Por eso leemos a menudo en la Biblia que Dios cambia de opinión. ¿Cómo podría ser que el Dios que cambia no cambiase de idea? Porque Dios siempre puede adaptarse a sí mismo. Cuando deba dar cuentas ante sí mismo, basándose en su Palabra por medio de un acuerdo del pacto, siempre responderá a este.

LA ORACIÓN DE ACUERDO CON NUESTROS DERECHOS LEGALES

Una de las cosas más importantes que podemos hacer como cristianos es orar en función de nuestros derechos legales. Pero a menudo no lo hacemos porque no entendemos bien qué es la oración. La oración no solo es hablar con Dios. Más bien, *la oración es afirmar en la tierra el permiso para la interferencia celestial*. La oración es la tierra autorizando al cielo a intervenir en los asuntos de los mortales, como el mismo cielo ha afirmado antes que haría. Este permiso se concede sobre la base de la posición y los derechos legales que usted tiene. Por eso es esencial estudiar la Palabra de Dios y conocer los derechos que le ha garantizado por medio de su Palabra.

Cuando Israel clamó a Dios, Él recordó su pacto. Dios puso por obra los términos de su pacto porque ellos apelaron a Él. Este principio es aplicable a nuestras vidas cuando nos encontramos atrapados entre la espada y la pared, como Israel. Nosotros también podemos clamar a Dios. El dilema de Israel se centraba en un tipo de esclavitud. Es posible que nuestra esclavitud no sea la misma que la de los esclavos hebreos, pero puede ser cualquier traba que nos mantenga cautivos. Podría ser la fortaleza de la adicción, la comida, el sexo, patrones de relación inadecuados, baja autoestima, el materialismo, el elitismo o cualquier otra cosa.

Egipto mantenía a Israel en la esclavitud ilegítimamente. Israel clamó para verse libre de aquella opresión. Dios escuchó su clamor y les respondió basándose en su acuerdo dado en el pacto con ellos. Si usted vive en la esclavitud a la que lo somete una fuerza ilegítima en su vida, clame a Dios. Ore a Dios pidiendo liberación y apele a Él basándose en sus derechos del pacto. Existe una obligación legal que Dios tiene: responderle basado en el hecho de que usted tiene un acuerdo legítimo con Él, como se encuentra en su Palabra.

Repase las Escrituras y lea todo lo que esté relacionado con su fortaleza, y póngalo en oración delante de Dios. Cuando haga esto, la oración dejará de ser un mero ejercicio espiritual o algo que marcar en su «lista cristiana de cosas que hay que hacer». En lugar de eso, la oración se convertirá en un encuentro legal en el que usted y Dios se reúnen de mutuo acuerdo en función de la misma disposición dada por el pacto. La oración se convierte en una forma de pedirle cuentas a Dios, en el sentido correcto de la expresión, sobre aquello ante lo que, según Él mismo dice, debe dar cuentas: su Palabra.

Cuando Dios escuchó a Israel que clamaba a Él, «los reconoció» (Éx. 2:25). Aunque siempre supo lo que estaba sucediendo, escuchó sus suspiros y su clamor, y los vio desde el punto de vista del pacto.

CLAMAR POR SUS DERECHOS DEL PACTO

Antes de que avancemos más en la historia de la prueba de Israel (en nuestro próximo capítulo), hemos de ser conscientes de que la esclavitud de aquel pueblo era una forma dramática de estar atrapado entre la espada y la pared. Los israelitas sabían que, legalmente, no debían estar en aquella situación en que se encontraban, como esclavos de los egipcios. Querían libertad. El problema era que no sabían cómo conseguirla. Aquello que los retenía, el faraón de Egipto, era más fuerte que ellos.

Por tanto, clamaron a Dios, al conocer los derechos del pacto que fueron concedidos anteriormente a sus antepasados Abraham, Isaac y Jacob. Y Dios respondió.

Por eso, una de las cosas más poderosas que podemos hacer como cristianos es tomar la Cena del Señor. Cuando *usted* se encuentra en medio de una situación de esclavitud de la que no puede escapar, póngase delante del Señor durante la Comunión. Cuando se entiende y se realiza correctamente, la Cena es más poderosa que cualquier programa de Doce Pasos, sesión de consejería, sermón o libro. Estas cosas tienen su lugar y son útiles. Pero lo más poderoso que puede hacer usted para escapar de la esclavitud es presentarse ante Dios en el momento de la Comunión y clamar a Él sobre la base del pacto que estableció con usted.

Por este motivo, en la iglesia de la que soy pastor, celebramos la Cena del Señor cada semana. Cada domingo tenemos un tiempo determinado para participar en ella, un momento en el que todos pueden acercarse al Señor y relacionarse con Él desde un punto de vista del pacto. El resto de la reunión, los asistentes escuchan al coro o al predicador; quizá entonen himnos de adoración y se unan a la oración congregacional. Pero el propósito de acudir a la iglesia incluye establecer una relación basada en el pacto con el único Dios verdadero.

Esto es lo que dota de poder a la oración y también a la Comunión. Lo que las hace poderosas es la disposición legal que usted tiene por medio del sacrificio de Jesucristo y de su relación con el Espíritu Santo.

Cuando usted comprende la autoridad que procede del nuevo pacto, esto lo cambia todo. Es la clave de su poder para que el cielo se manifieste en la tierra. Es el poder para introducir la presencia de Dios en sus circunstancias.

Pero no se limite a creerme sólo porque lo haya predicado alguna vez o lo haya incluido en este libro. Le reto a que lo pruebe en persona. Salga afuera y aplique esta verdad a su vida. Verá lo que hace Dios.

Da lo mismo a qué esté esclavizado o lo que sea que lo tenga metido en un dilema sin solución: tome lo que dice Dios sobre la situación y preséntesesesesele. Preséntele su Palabra. Encuentre en la Biblia todo lo que ha dicho sobre el asunto —incluidas sus promesas para usted— y vuelva a decírselo todo. Luego mire lo que puede hacer Dios en medio de su callejón sin salida.

Usted podrá decir: «Relación, ya no vas a definir mi existencia. Circunstancias, ya no podrán dictar mis estados de ánimo. Empleo, ya no podrás matar mi entusiasmo. Mala salud, ya no me mantendrás cautivo. Alcohol, ya no podrás controlar mi mente. Dinero, ya no influirás en mis decisiones. Pornografía, ya no me vas a arrebatar la alegría». Sea lo que fuese, podrá clamar a Dios en función del pacto de su Palabra que Él le ha dado.

Él lo escuchará cuando clame desde su dilema, como lo hizo con Israel. Le responderá cuando clame a Él de acuerdo con su Palabra.

No se rinda. Reclame sus derechos ante el cielo según el nuevo pacto en Jesucristo.

Como veremos en el próximo capítulo, comprobará, al igual que los israelitas, que Dios es un Dios que recuerda su pacto.

EN APUROS

1. El pastor Evans se sintió primero incómodo, luego irritado y al final frustrado por la presencia de Bob 2. Pero Bob 2 se convirtió en la bendición sorpresa de Dios, que libró a la congregación de estar entre la espada y la pared. ¿Se sintió usted sorprendido como el pastor Evans? ¿Por qué en ocasiones Dios hace cosas de maneras que no entendemos?

2. El pastor Evans dice que, cuando usted se vea inmerso en un dilema sin solución, «no se rinda; manténgase firme. Siga avanzando». ¿Por qué debemos resistir en lugar de ceder a la desesperación?

3. Aunque la nación futura de Israel nació en Egipto, su pueblo fue esclavizado por los egipcios durante más de cuatrocientos años (Éx. 12:40-41). Por eso suspiraron y clamaron a Dios para que los liberase. Según Éxodo 2:24, ¿por qué los liberó Dios?

4. Mientras que los pactos abrahámico, mosaico, davídico y palestino se fundamentan en la ley, el nuevo pacto tiene una base tanto espiritual como legal. ¿Qué tres acciones de Jesús (que aparecen en «Nuestros derechos del pacto») legitiman a los creyentes en Cristo para participar de la bendición del nuevo pacto?

4

AGUARDE EL MOMENTO DE DIOS

SUPONGO QUE LAS OVEJAS son los animales más tontos que ha creado Dios. Un criador de ovejas me contó en cierta ocasión que las ovejas son tan estúpidas que si una comienza a caminar en círculo, las otras la seguirán, pensando que va a alguna parte.

Por eso no imagino un trabajo más frustrante que el de pastorear ovejas. Pero ahí es exactamente donde encontramos a nuestro personaje principal en la historia de los israelitas, cuando la retomamos en Éxodo.

Leemos: «Apacentando Moisés las ovejas de Jetro su suegro, sacerdote de Madián, llevó las ovejas a través del desierto, y llegó hasta Horeb, monte de Dios» (Éx. 3:1).

Antes de seguir adelante, hagamos un repaso rápido de la vida de Moisés. Librado sobrenaturalmente de una muerte segura cuando era un bebé, cuando su madre lo confió en una cesta al río Nilo, a Moisés lo encontró la hija del faraón y fue criado como miembro de la familia real en la casa del faraón. Moisés tuvo un atisbo de su propósito como adulto, creyendo que tendría que liberar a su pueblo de la esclavitud.

Esteban resume el trasfondo de Moisés en Hechos 7:

«La hija de Faraón le recogió y le crió como a hijo suyo. Y fue enseñado Moisés en toda la sabiduría de los egipcios; y era poderoso en sus palabras y obras. Cuando hubo cumplido la edad de cuarenta años, le vino al corazón el visitar a sus hermanos, los hijos de Israel. Y al ver a uno que era maltratado, lo defendió, e hiriendo al egipcio, vengó al oprimido. Pero él pensaba que sus hermanos comprendían que Dios les daría libertad por mano suya; mas ellos no lo habían entendido así. Y al día siguiente, se presentó a unos de ellos que reñían, y los ponía en paz, diciendo: Varones, hermanos sois, ¿por qué os maltratáis el uno al otro? Entonces el que maltrataba a su prójimo le rechazó, diciendo: ¿Quién te ha puesto por gobernante y juez sobre nosotros? ¿Quieres tú matarme, como mataste ayer al egipcio? Al oír esta palabra, Moisés huyó, y vivió como extranjero en tierra de Madián, donde engendró dos hijos» (vv. 21-29).

UN DIOS GRANDE, UN MOMENTO EQUIVOCADO

Moisés creía que su propósito era liberar a su pueblo, porque «pensaba que sus hermanos comprendían que Dios les daría libertad por mano suya». Como Moisés creía esto, sus acciones lo reflejaban. Pero como pasa con muchos de nosotros, Moisés tenía un sentido de destino, pero no captaba el momento preciso. Intentó forzar algo que Dios aún no le había revelado. Trató de que sucediera algo cuando no era el momento indicado. Usó el esfuerzo, la lógica y la estrategia humanos para intentar alcanzar un objetivo divino. El objetivo era grande: libertar al pueblo de Dios. Sin embargo, su estrategia y su elección del momento fueron erróneas. Y como lo fueron, Moisés acabó mudándose del palacio de Faraón al destierro. Se pasó los cuarenta años siguientes de su vida en el exilio, en lo más perdido de un desierto; allí pastoreó ovejas tontas.

Sin embargo, esos cuarenta años no fueron un desperdicio, como nos revela pronto Éxodo. Porque un día Moisés sería llamado a pastorear las ovejas perdidas de Israel, Dios le dio experiencia sobre conducir ovejas por el desierto. Las demoras de Dios van unidas, con frecuencia, a nuestro desarrollo personal.

EL MOMENTO DE MADURAR

No solo eso, sino que las demoras de Dios van unidas a su creación o permisión de un escenario idóneo para sus propósitos. Mientras Dios trabajaba en Moisés, también estableció un vínculo espiritual entre la condición de los israelitas y la madurez del propio Moisés. Este pensaba que estaba listo para liberar a Israel. Tenía la educación, la riqueza, la elocuencia, el poder y las materias primas para hacerlo. Pero no tenía humildad ni tampoco una dependencia de Dios manifiesta en la madurez espiritual. Dios siempre quiere desarrollar nuestra madurez espiritual antes de introducirnos en nuestro destino.

Como luego veremos en el pasaje, Dios hizo lo mismo con los israelitas. Les dijo que iba a liberarlos de Egipto, llevándolos a la Tierra Prometida, pero lo que no les dijo fue que llegarían a ella atravesando un desierto. Para ir de la liberación al destino, primero debían pasar por el desarrollo. Los primeros versículos de Deuteronomio 8 nos lo revelan: «Y te acordarás de todo el camino por donde te ha traído Jehová tu Dios estos cuarenta años en el desierto, para afligirte… Y te afligió, y te hizo tener hambre, y te sustentó con maná, comida que no conocías tú, ni tus padres la habían conocido, para hacerte saber que no sólo de pan vivirá el hombre, mas de todo lo que sale de la boca de Jehová vivirá el hombre» (vv. 2-3). El proceso fue: primero liberación, luego desarrollo y, por último, destino.

Las Escrituras nos dicen que «sin fe es imposible agradar a Dios» (He. 11:6). Como pasa con los músculos, la fe hay que desarrollarla. Moisés no sabía lo que estaba haciendo Dios al tenerlo atrapado en otra cultura, en medio de un desierto durante cuarenta largos años. Los israelitas no sabían qué hacía Dios para resolver su problema cuando clamaron a Él. Está clarísimo que no soñaban con la llegada de un pastor de Madián. Pero Dios se estaba preparando para marcar una intersección divina, haciendo que ambas circunstancias se tocasen en el momento correcto.

Estas intersecciones divinas son puntos de conexión que Dios establece y que solo Él conoce de antemano. Como el carnero, que ascendía por una falda de la montaña mientras Abraham e Isaac trepaban por la otra en dirección al altar, Dios sabía que se encontrarían, aunque Abraham lo ignoraba. Por eso, con Dios no podemos forzar que sucedan cosas. No podemos forzar nuestro destino. No sabemos qué tiene Él reservado y que se acerca por la otra vertiente de las montañas de nuestras vidas. No sabemos qué, dónde o cómo va a disponer Dios su intersección divina. Lo único que podemos hacer es seguir con nuestro desarrollo, confiando en Él para que nos lleve hasta el punto en que estemos listos para esa conexión, en el momento correcto.

Eso es lo que hizo Moisés. Hizo su trabajo. Guardó a sus ovejas. Pero démonos cuenta de exactamente dónde pastoreaba Moisés a sus ovejas. Estaba en «Horeb, el monte de Dios» (Éx. 3:1). Moisés estaba en la presencia de Dios. Desempeñaba sus labores cotidianas, pastorear las ovejas, con un propósito y en la presencia de Dios. Lo que podemos aprender de este versículo es que la presencia divina es el lugar al que debemos acudir usted y yo, cuando pasamos por momentos de desarrollo personal en medio de un desierto. Eso es más que un sermón, un seminario o un cántico. Eso supone estar desesperados por Él. Diríamos: «Aunque ahora mismo no veo nada ni siento nada que venga de ti, Señor, voy a seguir en tu presencia porque sé que, si lo hago, te encontraré».

EN LA PRESENCIA DE DIOS: LA ZARZA QUE ARDÍA

Moisés seguía en la presencia de Dios cuando, de repente, vio una zarza que ardía. Leemos:

> «Y se le apareció el Ángel de Jehová en una llama de fuego en medio de una zarza; y él miró, y vio que la zarza ardía en fuego, y la zarza no se consumía. Entonces Moisés dijo: Iré yo ahora y veré esta grande visión, por qué causa la zarza no se quema. Viendo Jehová que él iba a ver, lo llamó Dios de en medio de la zarza, y dijo: ¡Moisés, Moisés! Y él respondió: Heme aquí» (Éx. 3:2-4).

En este pasaje, se nos dice que el ángel del Señor, el Cristo preencarnado, estaba en medio de la zarza ardiente. Pero Moisés no lo sabía. Lo único que sabía era que había una zarza que ardía sin consumirse. Antes de que sigamos adelante, quiero contarle un secreto que hallamos en este escenario: cómo reconocer cuándo Dios se manifiesta en sus circunstancias «entre la espada y la pared».

Los teólogos llaman a lo que sucedió en esta zarza ardiente la «gloria shekiná», la manifestación visible de Dios. Por naturaleza, Dios es invisible; es espíritu. Pero cuando quiere hacerse visible, puede revelar su gloria de tal modo, que quede muy claro que se está manifestando.

¿Cómo sabemos cuándo Dios se manifiesta? En esta situación, lo sabemos porque vemos una zarza que ardía, y sin embargo no se consumía. En otras palabras, una zarza que arde no es nada infrecuente en un desierto abrasador. Si usted se encuentra en un desierto caluroso, las cosas se secan, y pronto se produce un fuego. Que una zarza estuviera ardiendo en un desierto no tenía nada de extraño. Pero ¿una zarza que ardía sin consumirse? Eso no era normal. Era inesperado. En un momento así, sabremos que se trata de Dios.

ALGO EXTRAORDINARIO

¿Cómo sabe usted que Dios está listo para intervenir en su situación «entre la espada y la pared»? Invadirá su vida ordinaria con algo extraordinario. Creará un entorno que no tiene sentido.

Cuando Dios crea un entorno que carece de sentido, no se supone que deba tenerlo. No ignore a Dios cuando se manifieste de una forma que usted no entienda. El motivo de que no pueda explicarlo es porque Dios se manifiesta en ella. La Biblia está repleta de ejemplos de una persona o un grupo de ellas encajados entre la espada y la pared, los cuales vieron cómo Dios se manifestaba de una manera que su entendimiento humano no podía explicar.

Si usted está entre la espada y la pared y no encuentra una manera adecuada de salir de lo que parece una situación interminable, busque a Dios para que se manifieste de un modo que usted no pueda explicar. Sus caminos no son los nuestros. Sus pensamientos no son los nuestros (lea Isaías 55:8-9). Dios no es como usted o como yo. Si Dios viviera en la era de la música *soul*, su canción favorita sería «Didn't I (Blow Your Mind This Time)?»[1] [¿No te he dejado boquiabierto?]. «¿No me he revelado de un modo que no podías explicar?». Eso es lo que hace Dios. Búsquelo.

Moisés vio la zarza que no se consumía y seguramente pensó: *No lo entiendo. Llevo aquí cuarenta años, y en mi vida nunca he visto nada parecido.*

Tengo que acercarme, porque no puedo ignorar lo que no logro explicar. De manera que se aproximó.

Por favor, fíjese que Éxodo 3:4 dice que Dios no se reveló a Moisés hasta que este se acercó a mirar. En otras palabras, Moisés tuvo que actuar antes de que lo hiciera Dios. ¿Recuerda lo que aprendimos de la vida de Abraham? Buena parte de lo que Dios quiere hacer con nosotros tendrá lugar cuando nos movamos. Su movimiento incitará el de Dios. En nuestro capítulo anterior, leímos: «Y oyó Dios el gemido de ellos, y se acordó de su pacto». Y en este pasaje leemos: «Viendo Jehová que él iba a ver, lo llamó Dios…».

Hasta que Moisés respondió a lo que Dios había puesto delante de él, Dios no le dio nada más. Muchos de nosotros queremos más de Dios, pero no nos hemos acercado a ver qué está haciendo. No hemos respondido a lo que ya ha hecho. No queremos hacer nada, y luego nos extraña no recibir más.

No obtenemos más porque Dios no nos ve hacer nada con lo que ya nos ha dado. A Moisés le dio algo que nunca había visto, una zarza que ardía sin consumirse. Moisés no pudo pasarlo por alto. Cuando en nuestras vidas hay algo que no podemos explicar, hemos de acercarnos y echarle un vistazo, porque podría tratarse de Dios, que quiere enseñarnos algo a otro nivel.

CUANDO DIOS NOS LLAMA POR NOMBRE

Cuando Moisés se acercó, escuchó dos palabras: «Moisés, Moisés». Seguramente habían pasado cuarenta años desde que había escuchado esas palabras de boca de Dios, «Moisés, Moisés». Esto es importante. Cuando uno ha estado atrapado en un desierto y la vida no va a ninguna parte debido a una decisión equivocada que tomó cuarenta años antes, no quiere un sermón dirigido a la congregación en general. Quiere que Dios pronuncie su nombre: «Moisés, Moisés».

Dios a menudo trata con nosotros como grupo, como el cuerpo

que es la Iglesia, pero también lo hace individualmente. Cuando su pastor expone la Palabra de Dios, en ella encontramos verdades aplicables al grupo de creyentes, en general. Los teólogos llaman a esto *Logos*, la Palabra de Dios. Pero cuando usted se encuentra atorado en un desierto o entre la espada y la pared, también necesita una palabra *de parte de* Dios. Esto se llama *rhema*, que es cuando usted escucha un mensaje de Dios para usted. La *rhema* es para esas ocasiones en que usted necesita una palabra directa de Dios, una que lleve su nombre.

La labor del Espíritu Santo en el nuevo pacto es permitir que Dios pronuncie su nombre. Por eso Él mora en usted. La función del Espíritu Santo es personalizar la palabra de Dios para usted, sin dejar de ser fiel a la Palabra escrita de Dios. Esto no quiere decir que altere la Palabra escrita de Dios. La Biblia está completa y cerrada con Apocalipsis. Este libro significa, literalmente, «el final». Sin embargo, aunque la Biblia esté completa en su revelación, su aplicación sigue siendo individual y específica.

Este es un problema que surge a menudo en el fundamentalismo. El fundamentalismo hace una exégesis de la Palabra de Dios para que una persona pueda entenderla sin aplicarla necesariamente. A menudo los fundamentalistas quieren que usted comprenda el texto mediante la lectura de libros, comentarios y concordancias. Pero usted puede ser un gran erudito bíblico y no escuchar nunca la voz de Dios que lo llama por su nombre.

«ABRAHAM»... «MOISÉS»... «TONY»

En nuestros dos primeros capítulos, vimos que Dios llamaba: «Abraham, Abraham». Ahora lo vemos diciendo: «Moisés, Moisés». Lo que usted debe desear escuchar más que cualquier otra cosa en esta vida es a Dios pronunciando su nombre. Eso es *rhema*, una palabra de Dios.

Nunca olvidaré el momento en que Dios llamó: «Tony, Tony».

Lois y yo llevábamos unos años casados y teníamos hijos pequeños. Teníamos problemas económicos, porque yo trabajaba a tiempo completo mientras asistía a la universidad para obtener el título de postgrado del Seminario Teológico de Dallas (DTS, por sus siglas en inglés). Hacíamos lo posible por llegar a fin de mes, pero la situación era difícil.

Cuando estaba preparándome para acabar el máster y empezar el largo proceso de trabajar en mi doctorado en el DTS, se me presentaron diversas opciones para hacerlo. Una de las más prometedoras era trabajar en la facultad del seminario. El DTS me había invitado a trabajar a tiempo completo como profesor, mientras obtenía mi doctorado. En esta época, surgieron también un par de oportunidades para el ministerio.

Además, estaba la idea loca de iniciar una iglesia en casa con solo diez personas. No había un sueldo fijo. No había estabilidad laboral. Nada de eso. Era solo la idea de empezar una iglesia partiendo de mi propia familia y unos pocos más.

Sabía por qué camino me llevaría la lógica, pero no sabía por dónde seguir. Se me ocurrieron diversas razones que respaldaban las distintas opciones, pero no sabía cuál de ellas era la que Dios quería. No quería lanzar una moneda al aire, no para decidir algo tan importante como aquello. Tampoco quería elegir una y esperar que Dios la bendijera. Lois y yo nos comprometimos a orar a Dios para que aportase claridad a nuestra situación. Le pedimos que se revelara de un modo tal que supiéramos que era Él quien nos indicaba la dirección que debíamos seguir.

Durante ese tiempo, nos invitaron a cenar con otras parejas en casa de Charles Ryrie, un profesor que tuve en el seminario (y editor de la Biblia de Estudio Ryrie). Allí estábamos, sentados y charlando en casa del Dr. Ryrie, cuando él dijo algo; hasta hoy no logro recordar sus palabras exactas. Pero cuando hizo aquella afirmación, fue como si el tiempo se paralizase. Miré a Lois, y ella me devolvió la mirada. Nos miramos el uno al otro inmediatamente, porque en cuanto aquellas palabras salieron de su boca, supimos que ya habíamos recibido la claridad que habíamos pedido a Dios.

El Espíritu Santo tatuó nuestros nombres en el comentario del Dr. Ryrie, haciendo que llegasen más allá de nuestros oídos, penetrando en nuestro ser interior. El Espíritu Santo habla a la profundidad de nuestro ser. En aquel momento, Él nos dijo a Lois y a mí que iniciáramos la iglesia en nuestro hogar, y nuestra dirección quedó confirmada por nuestra unanimidad al respecto.

Dios aún se dedica a llamarnos por nombre. Lo que necesitamos hacer es lo mismo que Moisés, quien dijo: «Heme aquí». Luego, debemos hacer lo que Él nos pide.

DIOS EN EL POLVO DE LA TIERRA

Moisés dijo: «Heme aquí». Se aproximó a echar un vistazo más de cerca a aquella visión maravillosa cuando Dios lo detuvo. Leemos: «No te acerques; quita tu calzado de tus pies, porque el lugar en que tú estás, tierra santa es» (Éx. 3:5). Primero, Dios llamó a Moisés por su nombre; luego lo detuvo en seco.

Reflexionemos sobre esto antes de seguir adelante. Quitarse los zapatos conlleva identificarse con el lugar que usted ocupa, porque, en el mejor de sus días, usted no es más que un poco de tierra dignificada. Es importante que entendamos esto: venimos del polvo de la tierra. Cuando muramos, volveremos a ella.

De hecho, todo el que lea este libro no vale mucho más que 3,57 dólares. Es cierto. Cuando reducimos todos los componentes que nos forman y los valuamos según este mundo, usted vale unos 3,57 dólares. No intento ser desagradable, pero este es el motivo de que usted o yo no podamos tener un concepto demasiado alto de nosotros mismos. Valemos 3,57 dólares. Cuando usted llega a su hogar en la periferia, quien vive allí es 3,57 dólares. Esa cantidad es la que se viste con ropa de marca. Son 3,57 dólares los que tienen en el banco más dinero de lo que ellos mismos valen.

Dios dijo: «Moisés, quítate la sandalias. Tengo que recordarte quién eres de verdad: no mucho más que un puñado de tierra dignificada».

Pero ahora ya no era solo tierra, porque Dios le dijo a Moisés que estaba de pie sobre tierra santa. Era tierra donde estaba Dios. Ahora era polvo con el que Dios esperaba hacer algo. Estaba apartado.

Antes de que Dios pueda intervenir en nuestra situación «entre la espada y la pared», y usarnos, debe humillarnos. Debe recordarnos quiénes somos. Quítese los zapatos. Humíllese. Póstrese en la presencia de la santidad. Todo aquello que esté más alto que el polvo ya está demasiado alto si uno quiere que Dios lo use. Todo lo que sobresalga de la tierra —da igual que lleve suelas de dos centímetros o tacones de cinco— está demasiado alto.

El hecho de que Moisés se descalzara evidenciaba su posición como criatura sometida al Creador. Decía: «Dios, hace cuarenta años yo era quien mandaba en Egipto. También he sido quien dirigía a estas ovejas. Pero ahora eres tú quien manda, porque te reconozco como mi Creador por encima de mí».

UNA INTERSECCIÓN DIVINA

Moisés se quitó las sandalias. Y luego Dios le dijo:

«Yo soy el Dios de tu padre, Dios de Abraham, Dios de Isaac, y Dios de Jacob. Entonces Moisés cubrió su rostro, porque tuvo miedo de mirar a Dios. Dijo luego Jehová: Bien he visto la aflicción de mi pueblo que está en Egipto, y he oído su clamor a causa de sus exactores; pues he conocido sus angustias, y he descendido para librarlos de mano de los egipcios, y sacarlos de aquella tierra a una tierra buena y ancha, a tierra que fluye leche y miel... Ven, por tanto, ahora, y te enviaré a Faraón, para que saques de Egipto a mi pueblo, los hijos de Israel» (3:6-10).

Aquí es donde Dios establece su intersección divina. Dijo que liberaría a toda una nación de otra nación que los oprimía, y que para conseguirlo usaría a Moisés. Pero, un momento. Acaso durante esos cuarenta años, ¿no supo Moisés que iba a hacer eso? Sí lo sabía, pero recuerde: todo es cuestión del momento adecuado. Es posible que Dios le diga muchas cosas durante un período largo de tiempo, pero siempre esperará a que todos estén listos. Las circunstancias deben ser las correctas en todas las personas involucradas, para que Dios establezca esa conexión divina.

Cuarenta años después, el escenario estaba preparado para la intersección, aunque Moisés se había vuelto algo más que humilde. En realidad, se había vuelto demasiado humilde, y le dijo a Dios que no podía hacerlo (v. 11). La traducción Tony Evans de la respuesta de Dios es: «Moisés, deja de protestar. ¡Ve!».

Así que Moisés fue. En Éxodo 5 leemos: «Después Moisés y Aarón entraron a la presencia de Faraón y le dijeron: Jehová el Dios de Israel dice así: Deja ir a mi pueblo a celebrarme fiesta en el desierto» (v. 1).

ATRAPADOS ENTRE UNA ESPADA GRANDE Y UNA PARED DURÍSIMA

Nos encontramos ante la espada más grande y la pared más dura que enfrentó Israel, seguramente el acontecimiento más celebrado de su historia. Dios, por medio de Moisés, trajo diez plagas sobre Egipto. Por fin faraón cedió, y Dios estuvo listo para sacar a Israel de la esclavitud. Así comienza el éxodo. Pero la espada y la pared no andan muy lejos. Si pasamos unas páginas hasta Éxodo 14, nos enteramos de qué sucedió:

«Y endureció Jehová el corazón de Faraón rey de Egipto, y él siguió a los hijos de Israel; pero los hijos de Israel habían salido con mano poderosa… Y dijeron a Moisés: ¿No había sepulcros en Egipto, que nos has sacado para que muramos en el desierto? ¿Por qué has hecho así con nosotros, que nos has sacado de Egipto? ¿No es esto lo que te hablamos en Egipto, diciendo: Déjanos servir a los egipcios? Porque mejor nos fuera servir a los egipcios, que morir nosotros en el desierto» (vv. 8-12).

¿No es eso lo que hacemos cuando nos vemos atrapados entre la espada y la pared? Actuamos como los israelitas, quejándonos y lloriqueando.

Moisés contestó a sus quejas diciéndoles que no temieran y estuvieran firmes, algo parecido a lo que le había dicho Dios cuando se encontró con la zarza ardiente. Moisés dijo: «No temáis; estad firmes, y ved la salvación que Jehová hará hoy con vosotros; porque los egipcios que hoy habéis visto, nunca más para siempre los veréis. Jehová peleará por vosotros, y vosotros estaréis tranquilos» (vv. 13-14).

Moisés admitió ante los israelitas que estaban atascados. Tenían Egipto a un lado y el Mar Rojo al otro. Estaban atrapados. Pero les dijo que no se preocuparan, y que esperaran a ver lo que haría Dios.

Tengo la sensación de que a los israelitas no les costó mucho aceptar lo de quedarse quietos, porque volver atrás significaba que los egipcios los mataran, y avanzar suponía ahogarse en el Mar Rojo. Se encontraban atrapados entre la espada y la pared, literalmente. No había adónde volverse. No había opciones entre las que elegir. El único consejo que les dio su líder fue quedarse quietos y mantener la boca cerrada.

El versículo 15 revela que mientras Moisés decía a los israelitas que se mantuvieran firmes y vieran la liberación del Señor, él clamaba a Dios. Por un lado, les dijo: «¡Eh, tranquilos! Dios está obrando»; por el otro, clamó a Dios: «¡Estamos atrapados! Dios, ¡haz algo!».

¿Ha hecho usted algo parecido en su dilema sin solución? Les dice a las personas que lo rodean: «Todo saldrá bien», mientras al mismo tiempo se vuelve a Dios y le dice, cuando nadie mira: «Señor, ¿has perdido la cabeza? ¡No hay forma de salir de esto!». Si usted ha hecho algo así, entonces está bien acompañado, porque Moisés hizo exactamente lo mismo:

> «Entonces Jehová dijo a Moisés: ¿Por qué clamas a mí? Di a los hijos de Israel que marchen. Y tú alza tu vara, y extiende tu mano sobre el mar, y divídelo, y entren los hijos de Israel por en medio del mar, en seco. Y he aquí, yo endureceré el corazón de los egipcios para que los sigan; y yo me glorificaré en Faraón y en todo su ejército, en sus carros y en su caballería» (vv. 15-17).

En su conversación con Moisés, Dios dijo dos cosas esenciales. Primero dijo: «En cuanto a ti, Moisés, haz esto». Y luego añadió: «En cuanto a mí, haré esto». Dijo: «Moisés, primero debes actuar. Debes tomar ese bastón que usabas para pastorear a las ovejas, y extenderlo, porque ahora está santificado».

SOSTENER UN BASTÓN Y VER ACTUAR A DIOS

En otras palabras, Dios dijo que no haría su parte hasta que Moisés hubiera hecho la suya. Quería que Moisés caminara por fe. No solo eso, sino que le pidió que caminara por fe precisamente con el mismo objeto junto al que evolucionó como persona en medio del desierto durante cuarenta años. Quería que Moisés utilizara el cayado con el que había guiado a sus ovejas durante todos aquellos años.

Buena parte de lo que Dios quiere hacer en su vida y en la mía se parece a esta situación. No dará un paso hasta que nosotros actuemos en conformidad con lo que Él nos ha revelado. Mucho de lo que nos pide va unido, a menudo, precisamente con lo que aprendimos, usamos y desarrollamos durante nuestra época en el desierto.

Lo que nos toca hacer no es siempre muy difícil o grande, como tampoco fue para Moisés. Lo único que Dios le pidió a él es que extendiera su cayado. Si Moisés extendía el báculo, Dios dijo que Él se encargaría de hacer el trabajo duro. Abriría el Mar Rojo, endurecería el corazón del faraón, lo incitaría a perseguirlos y cerraría el mar sobre los egipcios.

Para revelar la fe que hay en nuestro interior, a menudo Dios nos pide que antes hagamos nuestra pequeña parte. Que extendamos nuestros cayados. Que demos ese paso, que hagamos algo. Que abandonemos un empleo para quedarnos en casa. Que aceptemos el trabajo que nos ha mostrado. Que rompamos un hábito, refrenemos la lengua, vayamos a la iglesia o al otro lado del océano. Sea lo que fuese lo que Dios le revele, a menudo esperará a hacer su gran actuación hasta que usted haga lo que le ha pedido.

Esto lo hace porque quiere que lo veamos como nunca antes lo habíamos visto. Quiere que lo experimentemos como nunca lo hicimos. Desea que veamos el vínculo existente entre nuestro acto de fe y su liberación. Quiere ser algo más que un Santa Claus cósmico que tiene un puñado de milagros para repartir. Dios quiere una relación con todos nosotros. Quiere que usted lo vea de cerca, de un modo personal. Por eso, lo coloca en un escenario en el que Él es su única solución, donde nada se arreglará si Él no lo arregla. Dice: «Te he dejado usar todas las opciones naturales que tienes a tu disposición, y sigues atascado. Muy bien, pues estás atascado con un propósito. Ahora, lo que quiero que hagas es que vayas al monte de Dios, entres en mi presencia y veas qué acto sobrenatural hago al llamarte personalmente por tu nombre. Así experimentarás un nivel totalmente nuevo».

Pero, antes que Él haga algo, a menudo nos pide que extendamos el cayado.

Puede que usted se sienta ridículo sosteniendo un palo sobre una inmensa extensión de agua que no parece estar dispuesta a moverse. Pero si lo hace cuando Dios se lo pide, Él hará todo lo que prometió. Así como lo hizo para los israelitas cuando los condujo a través del mar como si fuera tierra seca.

LO QUE HACE DIOS POR, EN Y POR MEDIO DE USTED

Cuando los israelitas llegaron al otro lado del Mar Rojo y vieron cómo Dios había cerrado las aguas sobre los caballos y los jinetes egipcios, se pusieron a cantar (Éx. 15). Sus quejas se convirtieron en canción, porque ahora habían visto a Dios de primera mano. Ahora tenían un testimonio.

Cuando Dios lo saque de un dilema, de entre la espada y la pared, usted tendrá un testimonio. Dios ya no será Dios por lo que hizo en la vida de otra persona. Dios no será Dios por lo que le contó un predicador.

Ahora, Dios será Dios porque ha sido Dios para usted.

Ha sido Dios en usted.

Ha sido Dios por medio de usted.

Ha intervenido en sus circunstancias humanas de un modo que solamente Él puede explicar y del que Dios es la única explicación.

Eso es lo que usted desea. No quiere pasarse la vida pidiendo en oración. Quiere vivir con el testimonio de lo que Dios puede hacer, basado en lo que Dios ha hecho por, en y por medio de usted.

EN APUROS

1. Hebreos 11:6 revela que para complacer a Dios debemos tener fe. Y la fe, «como los músculos», hay que desarrollarla con el paso del tiempo. ¿Cómo desarrolló Dios la fe en Moisés y en los israelitas?

2. «Dios no es como usted o como yo». A veces manifiesta su presencia de forma poderosa, ya sea por medio de una revelación visible (la zarza que ardía sin consumirse, que vio Moisés) o invadiendo nuestra vida cotidiana con un acto extraordinario. ¿Recuerda algún momento en que usted u otra persona haya visto a Dios demostrar que «sus caminos son más altos que nuestros caminos» (ver Is. 55:9)? ¿Qué aprendió de Dios?

3. Después de diez plagas milagrosas, Dios libró a Moisés y a los israelitas de la mano poderosa del faraón y de la esclavitud cruel. Pero luego de esa liberación, puso la espalda del pueblo contra la pared, frente al Mar Rojo. ¡No tenía sentido! ¿Qué le dice esto sobre los planes y el poder de Dios?

4. Después que los israelitas cruzaron el Mar Rojo y vieron las aguas caer sobre el ejército egipcio, ¿qué hizo el pueblo? ¿Por qué?

5

Los discípulos

ACÉRQUESE A DIOS DURANTE EL TRAYECTO FRENÉTICO

CUANDO LOIS Y YO empezamos a salir, ideé una estrategia para animarla a enamorarse más de mí. Ella ya estaba muy enamorada de mí desde el principio, pero yo quería aumentar ese amor.

Lo que decidí fue llevarla a un parque de atracciones. Después de pasear un rato por el parque, disfrutar de las diversiones y de la comida, le pregunté serenamente si quería hacer un viaje en el *Wild Mouse* [Ratón Salvaje]. Lois nunca antes se había subido al *Wild Mouse*, pero yo sí. Sabía lo *salvaje* que era de verdad esa montaña rusa. Pero ella no tenía ni idea, porque parecía una atracción sencilla.

Allá por los años sesenta, el *Wild Mouse* era una montaña rusa de madera con unas vagonetas tan pequeñas que en ellas solo cabían dos adultos muy juntos. (Algunas de esas vagonetas siguen utilizándose hoy en diversos parques de atracciones). Las del *Mouse* se habían diseñado para tomar curvas cerradas y dar pequeños saltos, lo cual producía una fuerza gravitatoria lateral fuerte. El *Wild Mouse* daba la impresión de que uno saldría volando de la pista antes de tomar la curva.

Yo conocía la personalidad de Lois y sabía que subir al *Wild Mouse* sería un mal trago para ella. Por eso no se lo había dicho. Solo le había mencionado que íbamos a dar un agradable paseo juntos.

Así que nos subimos al *Wild Mouse*. La vagoneta empezó a acelerarse en las curvas cerradas, dando la impresión de que el pequeño vehículo saldría disparado de los rieles. Lois gritó. Entonces se apretujó más contra mí. Nuestro coche viró a la derecha y volvió a salir disparado, parecía que íbamos a salir volando por los aires. Esta vez ella se acercó incluso más a mí. Al final del trayecto, Lois no estaba muy lejos de mí. De hecho, estaba sentada tan cerca como podía. Aquel había sido mi plan.

Pretendía que ella se me acercase más durante el trayecto. El *Wild Mouse* lo consiguió.

A veces Dios nos sube a una atracción salvaje. Nos vemos sujetos con el cinturón, atrapados entre la espada y la pared. La vida parece escapar a nuestro control. Dios permite estas situaciones por muchos motivos —como ya hemos visto gracias a las vidas de Abraham, Moisés y los israelitas—, pero uno de ellos es que las pruebas nos pueden acercar más a Él. No he dicho que las pruebas nos lleven automáticamente más cerca de Él; buena parte de eso tiene que ver con cómo reaccionemos. Pero las pruebas nos *pueden* acercar más a Él.

UNA VISIÓN DE DIOS MÁS GRANDE Y CERCANA

Cuando nos acercamos a Dios, experimentamos su presencia, poder y protección. Nuestra fe aumenta, y en ese crecimiento descubrimos una paz infrecuente. En el proceso, también obtenemos una visión más amplia de Dios: una visión a tamaño descomunal.

Tener una visión más amplia de Dios es como recibir una porción extra en McDonald's. Cuando voy con el automóvil a McDonald's y pido un menú, la voz al otro lado del altavoz me pregunta: «¿Lo quiere en tamaño grande?». Al preguntarme si quiero el pedido en tamaño grande, me informa que, por un poco más, puedo recibir más patatas fritas, y una hamburguesa y una bebida más grandes. Si pongo un poco más de mi parte, MacDonald's puede ofrecerme mucho más.

Las pruebas de «dilema sin solución» son esas situaciones en las que Dios nos pide que vayamos un paso más allá, por fe, de lo que lo hayamos hecho antes. Nos dice que, si confiamos en Él un poco más, damos un paso más, seguimos un poco más… experimentaremos a Dios como nunca lo hemos hecho. Este tipo de pruebas va destinado a aumentar las dimensiones de Dios en nuestra vida. Nos ofrece una relación con Él que no solo es más estrecha e íntima, sino también superior a la norma.

LA OBEDIENCIA QUE CONDUCE A LA TORMENTA

Esto es lo que les sucedió a los discípulos de Jesús durante un ajetreado día de ministerio. En Marcos 6 leemos: «En seguida hizo a sus discípulos entrar en la barca e ir delante de él a Betsaida, en la otra ribera, entre tanto que él despedía a la multitud. Y después que los hubo despedido, se fue al monte a orar; y al venir la noche, la barca estaba en medio del mar, y él solo en tierra» (vv. 45-47).

Este es uno de los diversos escenarios de las Escrituras en los que Jesús introduce a sus discípulos en un entorno que ya conocen. Muchos de los discípulos provenían de un trasfondo pesquero. No solo vivían en las inmediaciones del mar de Galilea, sino que habían pasado gran parte de su tiempo en barcas que navegaban por él. El mar de Galilea, el lago de agua dulce más bajo del mundo, situado a doscientos quince metros bajo el nivel del mar, es un lago enorme, que en su punto más ancho alcanza los veintiún kilómetros. La situación del mar, en la falla del Jordán, hace que se desencadenen tormentas violentas sin previo aviso.

Sin duda, después de haber pasado tanto tiempo en el agua, los discípulos ya habían experimentado esas tormentas. Pero lo que pasaron esa noche puso a prueba algo más que su experiencia como marineros: su esperanza.

Jesús acababa de realizar uno de los mayores milagros de su ministerio: la alimentación de los cinco mil. En el capítulo siguiente, examinaremos más de cerca este milagro. Tras alimentar a las cinco mil personas y despedirlas, Jesús dijo a sus discípulos que entrasen en la barca antes que Él y fueran al otro lado del lago.

Los discípulos hicieron exactamente lo que Jesús les había ordenado. Se subieron a la barca, de noche, y comenzaron a cruzar el lago. Subieron a la barca, como les dijo Jesús, por obediencia. Recuerde bien que, al obedecer a Jesús, los discípulos se metieron en plena tormenta.

Luego se levantó el viento, que encrespó las olas del lago. Como explica Marcos:

«Y viéndoles remar con gran fatiga, porque el viento les era contrario, cerca de la cuarta vigilia de la noche vino a ellos andando sobre el mar, y quería adelantárseles. Viéndole ellos andar sobre el mar, pensaron que era un fantasma, y gritaron; porque todos le veían, y se turbaron. Pero en seguida habló con ellos, y les dijo: ¡Tened ánimo; yo soy, no temáis! Y subió a ellos en la barca, y se calmó el viento; y ellos se asombraron en gran manera, y se maravillaban. Porque aún no habían entendido lo de los panes, por cuanto estaban endurecidos sus corazones» (6:48-52).

La obediencia de los discípulos los llevó, literalmente, al corazón de la catástrofe.

Quiero que recuerde esto porque es una ilustración útil para nuestras propias vidas. Ojalá pudiera decirle que seguir a Jesús significa que las aguas de esta vida estarán siempre en calma. Ojalá pudiera decirle que seguir a Jesús significa que la vida siempre será de color de rosa y que todos sus días serán dulces. Pero no puedo. Aquellos discípulos seguían a Jesús y se metieron de lleno en un mar agitado. Los discípulos descubrieron, como también lo hemos hecho muchos de nosotros, que se puede estar en el centro de la voluntad de Dios y, al mismo tiempo, en una tormenta.

Hoy día hay muchos predicadores y libros escritos por cristianos que nos dicen que, si seguimos a Cristo, en esta vida nunca tendremos que enfrentar retos. Eso no fue así para Jesús, o para ninguna otra persona que yo conozca y que lo siga. De hecho, algunos de nosotros carecíamos de problemas hasta que empezamos a seguir a Jesús.

Seguir al Señor Jesús no le concede la inmunidad frente a los problemas. Lo que sí le da es la oportunidad de experimentarlo en medio de ellos, como veremos más adelante. La vida contiene problemas tanto si usted sigue a Jesús como si no. Usted debe elegir si quiere que Él intervenga en sus problemas o si prefiere pasar por ellos usted solo.

Recuerde que en la barca los discípulos estaban cumpliendo la voluntad de Dios. Jesús los había llevado directamente a una tormenta, lo cual nos acerca a nuestro primer conjunto de contradicciones. De entrada, el versículo 48 nos dice que estaban remando «con gran fatiga, porque el viento les era contrario». Mientras remaban en una dirección, el viento soplaba en la contraria. Hicieron exactamente lo que Jesús les había pedido y, al hacerlo, encontraron resistencia.

El viento luchaba contra ellos, la lluvia intentaba anegarlos. Sin duda se preguntaron por qué Jesús les había dicho que cruzasen el lago de noche.

CUESTIONAR EL CORAZÓN DE DIOS

Esta es una pregunta que muchos de nosotros podríamos hacernos cuando vemos que fue Dios mismo quien nos metió en una tormenta. No le preguntamos a Jesús por qué nos ha enviado en una barca, pero sí, por qué hemos acabado entre la espada y la pared cuando nuestra obediencia a Él fue justo lo que nos llevó a esa situación. Este es el dilema más difícil, porque nos hace cuestionar el corazón de Dios. Después de todo, habíamos dado un paso de fe, pero cuando lo hicimos, el mero acto de hacerlo nos llevó directamente a la tormenta.

Los discípulos no solo luchaban contra la tormenta, sino que también lo hacían, como hemos leído, «cerca de la cuarta vigilia de la noche». Eso sería entre las tres y las seis de la madrugada. Era el momento más oscuro antes del alba. Los discípulos no solo estaban en circunstancias adversas al enfrentarse a la tormenta, sino que tampoco podían ver con claridad. Seguramente, a su alrededor todo era oscuridad absoluta.

Eso suele pasarnos a nosotros, ¿no es cierto? Cuando estamos atrapados entre la espada y la pared, Dios puede parecer borroso. No lo oímos, no lo vemos, está todo oscuro. Es la última vigilia de la noche; nada parece definido.

Durante esos momentos, nos asaltan diversas emociones: preocupación, duda, temor. Otra de ellas es la desesperanza. Todos sabemos lo que es experimentar, en diversos grados, la desesperanza. De hecho, muchas personas la definen como esperar algo que saben que nunca obtendrán, sin ver posibilidades de mejora o de cambio. Muchos hoy se ahogan en un mar de desesperanza, rodeados por una tierra vacía donde no parece haber salida.

¿SEGUIR REMANDO O DAR LA VUELTA?

La pregunta es la siguiente: ¿Sigue intentando llegar al lugar que Dios le ha indicado, a pesar de que resulta difícil avanzar en esa dirección? ¿O hace lo más fácil: da la vuelta y regresa al punto de partida usando el viento de popa para llegar fácilmente?

Este es el típico dilema sin solución. ¿Se da la vuelta y permite que el viento le ayude, desobedeciendo? ¿O hace lo que dice Jesús y sigue avanzando en su voluntad, a pesar de que ahora no solo parece arriesgado, sino también imposible? Obedecer a Dios puede conllevar meternos en aguas bravas. Puede colocarlo en mitad de una contradicción, entre la espada y la pared. Usted intenta hacer lo que Dios le ordenó, pero Él ha enviado el viento para que lo azote.

En esos momentos, intentamos hacer cosas externas cuando la desesperanza puede infiltrarse en nuestro interior. Los discípulos lo intentaban. Eso hay que concedérselo. En el pasaje leemos que Jesús, «viéndoles remar con gran fatiga», había decidido acercarse a ellos. Si remaban con tanto esfuerzo, era porque intentaban avanzar. Apretaban los dientes, mascullando y usando todos sus recursos para luchar contra la tormenta. A pesar de que se esforzaban todo lo posible para hacer exactamente lo que Jesús les había pedido, estaban atascados.

JESÚS ORA Y VELA

Entre tanto, Jesús oraba (v. 46). Mientras los discípulos combatían contra el viento, Jesús oraba. Entendámoslo bien: ¡Jesús está en alguna parte, orando! A veces nos parece que ora en los momentos más inoportunos. Cuando la vida se viene encima de aquellos que lo siguen, Él participa en una reunión de oración.

No leamos demasiado deprisa este pasaje bíblico. Si miramos más de cerca, nos damos cuenta de que no es una reunión de oración típica, llena de alabanzas generales y peticiones rutinarias.

Jesús había ido a orar a la luz de lo que sabía que se les venía encima a sus discípulos porque Él lo había decidido así. ¿Cómo sé que oraba por la situación en que se hallaban los discípulos? Porque nos lo dice el versículo 48. Los vio «remar con gran fatiga».

Jesús oró en un monte, pero aun así estaba en mitad de las circunstancias de ellos. Estaba orando, pero al mismo tiempo los vigilaba. Se trata de una situación muy interesante, porque no solo es la cuarta vigilia de la noche (oscuridad total), sino que estaban a seis kilómetros y medio, en el mar. No estoy seguro de cómo se puede ver algo en medio de la noche y a más de seis kilómetros de distancia. Es decir, a menos que uno sea Dios y hombre plenamente.

Lo que sucede en esa reunión de oración es que Jesús utiliza su divinidad, mientras se identifica con la humanidad de ellos. Solo Cristo puede hacer ambas cosas, porque, como vimos antes en la historia de Abraham, Jesús es nuestro sumo sacerdote que se identifica con nuestra humanidad (ver He. 4:15). Eso es lo que convierte a Jesús en el mejor guerrero de oración de todos los tiempos. No solo nos ve desde un punto de vista divino, sino que se identifica con nuestras luchas.

Una cosa es comprender intelectualmente lo que experimenta una persona, y otra es conocerlo de primera mano. Por ejemplo, un obstetra puede entender, desde el punto de vista informativo, qué experimenta una mujer que está de parto, porque lo ha leído en los libros y porque ha participado en otros alumbramientos. Pero una obstetra que también haya sido madre puede establecer un vínculo de empatía con la parturienta. No solo dispone de la información, sino también de la experiencia.

Cuando Jesús nos ve entre la espada y la pared, no solo comprende lo que estamos pasando desde el punto de vista de la información, sino que también sabe lo que es pasar por una circunstancia en la que no parece haber camino de salida. Antes, ya tuvo que clamar a su Padre: «Dios mío, Dios mío, ¿por qué me has desamparado?» (Mt. 27:46).

Sin duda, los discípulos se sintieron abandonados cuando luchaban contra el viento despiadado. La oración de Jesús por ellos, como la que hace por nosotros cuando estamos sumidos en un dilema sin solución, podría parecerse a la oración que hizo por Pedro, pidiendo que su fe no mermase (Lc. 22:32). Oró que, a pesar de la situación por la que pasaría Pedro, sus circunstancias no pudieran más que su fe.

Cuando nos encontramos atorados entre la espada y la pared, nosotros también tendemos a cuestionar a Dios. Nuestra propensión a perder la fe es como la de los israelitas cuando fueron sacados de Egipto y pensaron que habían sido abandonados en el desierto para que los egipcios los mataran o para ahogarse en el Mar Rojo. Es demasiado fácil cuestionar a Dios y perder de vista su bondad, debido a las cosas negativas que nos han sucedido.

ABRA BIEN LOS OJOS

Pero cuando le parece que en su vida todo está perdido, *ese* es el momento de abrir más los ojos. Nunca se sabe lo que podrá ver en una noche oscura. Como descubrimos cuando leímos antes el pasaje, Jesús vino a los discípulos de noche, caminando sobre las olas.

La solución de Jesús es tan extraña como intrigante. Él acudió a aquella circunstancia caótica caminando sobre el agua. Accedió a la lucha de los discípulos caminando sobre el mar. No quiero que pierda esto de vista, porque la idea central *es* Jesús caminando *sobre* las aguas.

Jesús camina sobre el problema de ellos.

El problema de ellos era el agua. Jesús caminaba sobre ella. El agua sacudida por el viento había causado estragos en su entorno. Sin embargo, Jesucristo vino caminando precisamente sobre el elemento que les daba tanto miedo.

Cuando nos vemos en un dilema sin solución, normalmente

buscamos a Dios para que nos libre de la situación. Esta es una reacción normal, dado que no queremos padecer conflictos, confusión ni dolor. Pero lo que Dios quiere a menudo es participar con nosotros *en* el dilema.

UN DILEMA MUY ARDIENTE

¿No es eso lo que les sucedió a mis tres muchachos, Sadrac, Mesac y Abed-nego?

En Daniel 3, leemos que el rey Nabucodonosor (lo llamaré Nabu para abreviar) emitió un decreto de que «todo hombre, al oír el sonido de la bocina, de la flauta, del tamboril, del arpa, del salterio, de la zampoña y de todo instrumento de música, se postre y adore la estatua de oro; y el que no se postre y adore, sea echado dentro de un horno de fuego ardiendo» (vv. 10-11).

Sadrac, Mesac y Abed-nego obedecieron a Dios. No adoraron el ídolo y por eso fueron arrojados al fuego. Dios podría haber impedido que los echaran en el horno. Podría haber apagado las llamas. Podría haberlos librado de muchas maneras antes de llegar al fuego. Pero no lo hizo. De modo que Sadrac, Mesac y Abed-nego, por obedecer a Dios, se vieron atrapados en un dilema sin solución.

¡Y fueron al horno! Pero, entienda esto, Dios entró con ellos.

Cuando Nabu miró el horno, dijo:

—¿No eran tres los hombres que echamos atados en medio del fuego?

Sus oficiales dijeron al rey:

—«Es verdad, oh rey» (v. 24).

¿Qué más podrían decir?

EL REY ATÓNITO

El rey Nabu se quedó con la boca abierta. Ya me lo imagino extendiendo su índice torcido y diciendo: «He aquí yo veo cuatro varones sueltos, que se pasean en medio del fuego sin sufrir ningún daño; y el aspecto del cuarto es semejante a hijo de los dioses» (v. 25).

Nabu se preguntó: *Eh, ¿no atamos a esos tipos antes de echarlos al horno? Pues ahora caminan sin ataduras. ¿Y quién es ese que está con ellos?*

Jesús se había unido a Sadrac, Mesac y Abed-nego *en* su dilema. Al entrar con ellos *en* las circunstancias, Dios no solo obtuvo gloria para su nombre en toda la nación de Babilonia, sino que proporcionó a los tres jóvenes un futuro mejor de lo que había sido su pasado.

Cuando sacaron a los muchachos del horno, Nabucodonosor dijo: «Por lo tanto, decreto que todo pueblo, nación o lengua que dijere blasfemia contra el Dios de Sadrac, Mesac y Abed-nego, sea descuartizado, y su casa convertida en muladar, por cuanto no hay dios que pueda librar como éste» (v. 29). Luego el rey hizo que Sadrac, Mesac y Abed-nego prosperasen en la provincia de Babilonia. Mis tres muchachos no solo fueron liberados, ¡sino que obtuvieron su destino!

Y lo consiguieron porque Jesús se unió a ellos en medio de su dilema. Como lo hizo con los discípulos en el mar de Galilea.

LA EXPRESIÓN DE SUS ROSTROS

Me hubiera encantado ver la expresión en los rostros de los discípulos cuando vieron a Jesús caminando hacia ellos sobre las aguas. Cuando llegue al cielo, voy a pedir que me pongan esas imágenes. Quiero ver la repetición de aquellos doce hombres fornidos metidos en una pequeña barca en medio de una tormenta… ¡gritando! El viento los azotaba y aullaba a su alrededor. La barca se bamboleaba de un lado a otro. Ponerse en pie era imposible. Estaba todo oscuro, estaban empapados. Alguien vomitó su cena por la borda. Era peligroso. Siento su miedo; estaban aterrados por la posibilidad de perder la vida.

Después, para empeorar las cosas, vieron que de algún lado

venía algo parecido a un fantasma que caminaba sobre las olas. Si yo hubiera estado allí, ¡también habría gritado! Ya era bastante malo estar en mitad de una tormenta, a punto de morir, como para encontrarse con el hermano feo de Casper que venía a verlos.

Los discípulos estaban tan confusos por todo aquel caos que ni siquiera reconocieron a Jesús cuando caminaba sobre el mar, sino que «pensaron que era un fantasma, y gritaron» (Mr. 6:49).

Estos hombres no esperaban algo parecido. Ver a Jesús caminar sobre el agua hacia ellos, cuando lo habían dejado varias horas antes en tierra firme, no les pareció una posibilidad real. Jesús sabía que no esperaban verlo llegar hasta ellos sobre el agua. Había orado por ellos, para que su fe no flaquease, porque sabía que la tormenta los desorientaría. Sabía que se esforzaban por obedecerle, luchando por avanzar hacia donde Dios les había ordenado… una situación contradictoria.

Sabemos que Jesús había orado para que la fe de ellos no decayese porque, si retrocedemos un versículo, vemos algo muy interesante. Él quería pasarlos de largo, «adelantárseles». ¡Vaya! Mira, Jesús, ya es bastante malo que vengas en medio de la oscuridad y me asustes. ¿Y ahora me dices que ibas a pasar de largo? Jesús quería ver su respuesta antes de tomar la decisión de pasar de largo o unirse a ellos. Quiso ver si, en mitad de su dilema, manifestarían fe cuando Él se les acercase.

«¿CUÁL ES EL PROBLEMA, AMIGOS?»

Esta no fue la única vez en la que Jesús no se reveló de entrada y esperó la reacción de aquellos a quienes se había acercado. Justo después de que Jesús fue crucificado, dos discípulos transitaban por el camino a Emaús. Los dos hombres parecían abatidos. Jesús se acercó a ellos, ligeramente camuflado, y dijo: «¿Cuál es el problema, amigos?».

Y Lucas nos cuenta que ellos se detuvieron, con semblante triste. «Respondiendo uno de ellos, que se llamaba Cleofas, le dijo: ¿Eres tú el único forastero en Jerusalén que no has sabido las cosas que en ella han acontecido en estos días?» (24:17-18). Cleofas siguió contándole todo lo que había sucedido.

Jesús les contestó: «¡Oh insensatos, y tardos de corazón para creer todo lo que los profetas han dicho!… Y comenzando desde Moisés, y siguiendo por todos los profetas, les declaraba en todas las Escrituras lo que de él decían» (vv. 25, 27). Les habló de sí mismo, aunque ellos no sabían que era Jesús. Mientras caminaban les dio un estudio bíblico.

Al final ellos llegaron a su casa, y Jesús «hizo como que iba más lejos» (v. 28). Se acabó el estudio bíblico. Ni siquiera pensaba detenerse. Jesús había planeado seguir adelante. Esperaba a ver qué harían ellos con la información que acababan de obtener de la Palabra. El motivo era que lo que hicieran con ella decidiría si Él se detendría esa noche con ellos o seguiría su camino.

Los dos hombres pidieron al desconocido que se quedara con ellos. Él accedió, entró en la casa y partió el pan; y, cuando lo hizo, los ojos de ellos fueron abiertos. Lo reconocieron como el Hijo de Dios. Sin duda, cuando Jesús partió el pan, vieron las cicatrices que los clavos dejaron en sus manos.

CÓMO APLICARLO A NUESTRA VIDA: LA COMUNIÓN CON DIOS

Esto es lo que sucedió: cuando caminó con ellos, obtuvieron la Palabra *de* Dios, como vimos antes en la vida de Moisés. Los hombres que iban de camino a Emaús obtuvieron el *logos*. Pero cuando tomaron el pan con Él en la casa, obtuvieron una palabra *de parte de* Dios, el *rhema*, porque sus ojos se abrieron. En otras palabras, mientras Él les impartió el estudio bíblico, ellos obtuvieron una verdad espiritual.

Pero el conocimiento espiritual por sí solo no les abrió los ojos. Solo cuando la Palabra de Dios condujo a la comunión con la Persona de Dios, llegó la iluminación, y pudieron ver a Jesús, el Cristo.

La idea es que Jesús había pensado en seguir su camino para ver qué harían con la verdad que ellos habían recibido intelectualmente. Quería saber si los conduciría a una relación personal con Él, a una interacción personal, para concederles la iluminación. El mero hecho de tener un estudio bíblico no constituía un atajo.

La pregunta que se les planteó, que es la misma que recibieron los doce discípulos principales, fue: ¿Qué van a hacer con lo que les he dicho? ¿Van a dejarlo como información académica? ¿O lo convertirán en algo personal? Discípulos, ¿qué van a hacer ahora que les he dicho que vayan al otro lado del lago? ¿Van a darme la espalda porque se encuentran metidos en un dilema tempestuoso? ¿O prevalecerá su fe a pesar de las circunstancias?

Jesús llegó a la barca a ver cómo reaccionarían ellos. No lo reconocieron porque no lo esperaban. No lo reconocieron porque sus ojos estaban centrados en las aguas encrespadas a su alrededor. No lo reconocieron porque tenían que esforzarse por ver algo en medio de la oscuridad de la noche.

Los discípulos no vieron a Jesús en el mismo momento en que más lo necesitaban.

No me gusta decir esto, pero creo que eso mismo también nos pasa a muchos.

Gracias a Dios, tenemos un Salvador que no solo nos llama en medio de la tormenta, sino que hace algunas de sus mejores obras en la oscuridad.

Veamos qué obras son esas al examinar más a fondo Marcos 6 en el siguiente capítulo.

EN APUROS

1. Los discípulos obedecieron el mandato de Jesús, y pronto descubrieron que «se puede estar en el centro de la voluntad de Dios y, al mismo tiempo, en una tormenta». ¿Le sorprende esta verdad de que se puede obedecer a Dios y al mismo tiempo enfrentarse a problemas? ¿Por qué o por qué no?

2. El pastor Evans nos recuerda otras dos ocasiones en las que Jesús apareció con discípulos que lo estaban pasando mal. En la primera, tres jóvenes fueron arrojados a un horno ardiente porque obedecieron a Dios. Jesús se unió a ellos con la forma del ángel del Señor. ¿Cuáles fueron los dos resultados después de que un asombrado rey Nabucodonosor presenciara esa liberación?

3. La segunda vez que Cristo se apareció a sus discípulos, en el camino a Emaús, los dos hombres estaban desesperados porque Jesús, que había muerto, aparentemente no era el Mesías que esperaban (Lc. 24:19-21). ¿Qué sucedió como consecuencia de su visita (vv. 31-35)?

4. Como los doce discípulos en la barca y los dos que caminaban hacia Emaús, es posible que no veamos a Jesús cuando está cerca de nosotros. Vuelva a leer los últimos párrafos de este capítulo. ¿Por qué en ocasiones no vemos a Jesús cuando Él está dispuesto a ayudarnos durante esos momentos en que estamos entre la espada y la pared?

6

Los discípulos

ENCUENTRE LA CALMA EN MEDIO DE SU CONFUSIÓN

ME ENCANTAN LOS EVANGELIOS. La belleza de los Evangelios se refleja en que suelen contar la misma historia desde distintos ángulos. Es como contemplar la verdad bíblica a través de la lente de más de una cámara. Dentro de la teología bíblica, los Evangelios de Mateo, Marcos y Lucas son conocidos como los Sinópticos, porque los tres relatan prácticamente las mismas historias.

Resulta útil comparar las notas de un Evangelio con las de otro, porque al contemplarlas todas, recibimos un relato más completo de lo sucedido. El escritor de un Evangelio puede haber descartado algo que el de otro consideró una información esencial.

En el capítulo 5, dejamos a Jesús caminando sobre el agua en dirección a la barca. Los discípulos pensaban que era un fantasma. El director grita: «¡Corten!». Nos apartamos de Marcos 6 para ver la perspectiva de Mateo. Este nos ofrece información que Marcos no incluye. Para la siguiente escena, Mateo fija su cámara en Pedro.

LA TORMENTA INTERIOR

Antes que nos centremos en Pedro, démonos cuenta de que Jesús se identificó a los aterrados discípulos. Les dijo: «¡Tened ánimo; yo soy, no temáis!» (Mt. 14:27). Es evidente que Jesús entendía que aquellos hombres adultos eran presa del pánico. Les habló para calmarlos por dentro antes de abordar lo que sucedía en el exterior. El viento seguía rugiendo. Las olas seguían batiendo. La tormenta se descargaba a su alrededor. Pero Jesús vio un tipo distinto de tormenta en el interior de ellos, y decidió abordarla primero. Vio la tormenta interior y los calmó con su Palabra.

Estoy seguro de que muchos de ustedes han estado en una sesión con un maestro de la Biblia o escuchando un sermón un domingo, en un momento de su vida en que atravesaban una situación agitada. Pero el mero hecho de escuchar la Palabra de Dios los calmó significativamente, a pesar de que no cambió el problema al que se enfrentaban.

Esto es precisamente lo que sucedió aquí. Los discípulos escucharon la voz de Jesús, y esta insufló calma en su caos. Hasta el punto de que mi amigo Pedro hizo acopio de valor y dijo a Jesús: «Señor, si eres tú, manda que yo vaya a ti sobre las aguas» (v. 28).

En esencia, lo que dijo Pedro fue: «Dime que vaya, Jesús. ¡A ver si te atreves!».

SOBRE EL AGUA

Así Jesús le dijo a Pedro que fuera. Pedro pasó por encima de la borda de la barca y puso los pies donde ningún hombre los ha puesto jamás: sobre el agua. Ahora Pedro caminaba *sobre* el problema. Este no había desaparecido. De hecho, el viento y las olas agredieron a Pedro incluso más que antes, porque ahora estaba rodeado por ellas. Pero como Pedro estaba concentrado en Jesucristo y este le había pedido que fuera, el problema ya no definía la experiencia de Pedro.

Hasta que él se lo permitió.

Mateo sigue su relato de la historia diciendo: «Y descendiendo Pedro de la barca, andaba sobre las aguas para ir a Jesús. Pero al ver el fuerte viento, tuvo miedo» (vv. 29-30). Y luego comenzó a hundirse.

EN EL AGUA

Al principio Pedro caminó sobre las olas. No hubo problema. La tormenta no parecía tan mala como era antes de escuchar la voz de Jesús. Pero a medida que Pedro seguía adentrándose en las aguas, empezó a prestar más atención a lo angustiosa que era su situación. Apartó sus ojos de Jesús y los puso sobre sus circunstancias. Cuando lo hizo, empezó a hundirse.

La parte que me resulta más interesante en esta historia no es el hecho de que Pedro empezara a hundirse. Lo que me llama la atención es que Jesús le permitió que se hundiera. Jesús vio que la mirada de Pedro se apartaba de Él y se centraba en el temporal. No le gritó: «¡Pedro, amigo, vuelve a mirarme! ¡Estoy aquí, hombre! ¡Te hundes!».

No, simplemente le permitió hundirse.

¿Por qué permite Jesús que sus hijos se hundan? ¿Por qué *nos* permite hundirnos cuando parece que hemos empezado a caminar por fe y nos encontramos en una situación agitada? Nos deja hundirnos porque quiere que experimentemos la realidad del principio que se encuentra en Hebreos 12:2: «puestos los ojos en Jesús, el autor y consumador de la fe».

Jesús es el iniciador y el cumplimiento de nuestra fe. Quiere que nos demos cuenta de que es tanto el principio como el cumplimiento de todo lo que hacemos. Seguir a Jesús nos hace salir de la barca. Él es quien nos hace caminar sobre las aguas.

A veces caminamos por fe, pero luego dejamos que las circunstancias nos definan. Caminamos porque confiamos en Jesús, pero nos hundimos porque la situación nos consume. Nos hace perder pie y hundirnos.

«¡SEÑOR, SÁLVAME!»

Cuando Pedro vio que se lo tragaban las aguas, hizo un movimiento inteligente. Exclamó: «¡Señor, sálvame!» (Mt. 14:30).

«Al momento Jesús, extendiendo la mano, asió de él» (v. 31). El principio que sacamos de la experiencia de Pedro en esa noche de tormenta es que cuando Pedro volvió a centrar la vista en Jesucristo, fue asido y sacado de su situación de peligro. Cuando Pedro apartó la vista de sus circunstancias y volvió a centrarla en Cristo, fue librado de la derrota. Nuestra mirada puesta en Jesús no solo es necesaria como punto de partida; es también lo que nos sujetará durante nuestros momentos entre la espada y la pared.

EL MISMO MAR, OTRA TORMENTA

Esta es una idea tan importante que quiero enfatizarla mediante el análisis de otra historia sobre otra tormenta. Se encuentra en un momento anterior de la narrativa de Marcos, y empieza diciendo: «Aquel día, cuando llegó la noche, les dijo: Pasemos al otro lado» (Mr. 4:35). Aunque Jesús pide a sus discípulos que crucen el mismo mar de Galilea, esta vez Él va con ellos.

El relato se pone emocionante: «Y despidiendo a la multitud, le tomaron como estaba, en la barca; y había también con él otras barcas. Pero se levantó una gran tempestad de viento, y echaba las olas en la barca, de tal manera que ya se anegaba» (vv. 36-37).

Una barca que se llena de agua es una trampa mortal para los pescadores. Sin duda, el pánico se adueñó del ambiente que rodeaba a la embarcación. Pero cuando seguimos leyendo, vemos que Jesús «estaba en la popa, durmiendo sobre un cabezal» (v. 38).

Un momento. A ver si lo entendemos bien. Jesús está en la misma barca que ellos y experimenta la misma tormenta. A ellos les ha entrado el pánico, ¡y Él está durmiendo sobre un cabezal! Cuando uno duerme sobre un cojín, eso quiere decir que su intención es dormir. Si usted tiene una almohada bajo la cabeza, eso es lo que yo llamo una sesión de «ronquidos voluntarios».

¿LE IMPORTA A DIOS?

Jesús estaba dormido adrede no solo en medio de una tormenta, ¡sino de un temporal tan grande que llenaba de agua la barca! ¿Hola? ¿Parece… normal?

A los discípulos no les parecía normal. Por eso lo despertaron. Le dijeron: «Maestro, ¿no tienes cuidado que perecemos?» (v. 38).

En ocasiones somos muy críticos con los discípulos y los acusamos desde la comodidad de nuestro sillón cuando leemos los relatos bíblicos sobre ellos, pero esta pregunta me parece lógica. Todos nos hemos sentido así en un momento u otro. Preguntamos: «Dios, ¿no te importa? Estoy pasándolo mal en mitad de una tormenta feroz, atrapado entre la espada y la pared, y tú estás durmiendo».

Los discípulos habían planteado una pregunta fundamental: «¿No te importa?». Jesús escuchó su pregunta y se despertó. Se levantó. Entonces «reprendió al viento, y dijo al mar: Calla, enmudece» (v. 39). Jesús ordenó paz, o calma, para controlar la situación. Y la naturaleza obedeció.

Leemos: «Y cesó el viento, y se hizo grande bonanza. Y les dijo: ¿Por qué estáis así amedrentados? ¿Cómo no tenéis fe?» (vv. 39-40).

Volvamos a leer la pregunta de Jesús. Les dijo: «¿Cómo no tenéis fe?».

Permítame serle franco. La pregunta de Jesús me plantea todo un problema. Desde el punto de vista humano, la pregunta no parece ubicada. Quizá empiezo a ser demasiado transparente para mi propio bien, pero esa pregunta me molesta. ¿A usted no?

Me imagino a Pedro, calado hasta los huesos, diciendo con calma: «Jesús, a ver si lo entiendo. ¿Nos preguntas por qué no tenemos fe? Te ruego que tengas paciencia conmigo, porque quiero entenderlo bien... Muy bien, Jesús, ¿nos estás preguntando por qué tenemos miedo?». Pedro hace una pausa. Jesús asiente. Pedro mira a sus compañeros alrededor. Luego prosigue, con la misma tranquilidad: «Pues no sé, Jesús. ¿Podría ser porque estamos a punto de... ¡¡MORIR!!?».

La barca está en medio del lago, en el corazón de una tempestad. Además, se está anegando. ¡Está a punto de hundirse! ¿Qué tipo de pregunta es esa?

A decir verdad, a veces no parece que Dios sintonice con nuestras circunstancias. Me doy cuenta de que escribir estas palabras supone un riesgo, porque algunos pueden pensar que cuestiono si Dios entiende o no la situación, pero ¡por favor! ¡La barca estaba a punto de hundirse!

Sea sincero: a veces usted también siente lo mismo, ¿no es cierto? A veces sólo quiere decir: «¿Sabes una cosa, Dios? Esta vez andas un poco perdido. No estás del todo informado sobre lo que está pasando, porque esto es un caos, ¡y tengo miedo!».

Si Jesús estuviera en mi barrio, le dirían: «Jesús, no estás en la onda. Para nada de nada. No captas bien mi situación. Pero ¿a quién se le ocurre soltar una pregunta como esa?».

¿Cómo podría decir Jesús algo que sonara tan duro?

Una cosa que sabemos: Dios siempre tiene un motivo para lo que hace. Y siempre tiene razón. Leamos de nuevo el pasaje y encontraremos la respuesta a nuestra inquietud. Porque, si prestamos atención, el versículo 35 dice: «Aquel día, cuando llegó la noche, les dijo: Pasemos al otro lado».

ESCUCHE Y CONFÍE EN SUS PALABRAS

La respuesta a cómo Jesús pudo formular una pregunta aparentemente tan absurda llega en esta frase breve: «pasemos al otro lado».

También nos ayudará echar un vistazo a lo que no dijo Jesús en esta frase. Él no dijo: «Pasemos hasta la mitad del lago, y luego moriremos». Tampoco dijo: «Déjenme que vaya yo solo, y luego espero que ustedes se las arreglen para llegar».

No, Jesús dijo: «Pasemos al otro lado».

Pero a pesar de lo que dijo, los discípulos hicieron lo que nosotros hacemos a menudo cuando vamos a la iglesia los domingos, o cuando escuchamos un sermón por la radio o leemos libros como este: decir amén sin prestar atención.

En otras palabras, Jesús dijo: «Muchachos, les dije que íbamos a cruzar al otro lado. Si me hubieran escuchado, cuando me vieron durmiendo sobre el cojín, hubieran buscado su propio cabezal, porque ya les había dicho qué íbamos a hacer. Pero no, solo escucharon mis *palabras*. No escucharon mi *voz*. Y como esto es así, la única manera que conozco de demostrarles si me estaban escuchando o no es permitiendo que suceda algo contrario a lo que dije antes».

Jesús quería que los discípulos vieran por sí solos que no estaban tan llenos de fe, ni mucho menos, como ellos pensaban. Utilizó las circunstancias para demostrárselo. Sin embargo, una vez los discípulos vieron a Jesús apaciguar la tormenta, su fe en Él aumentó. Leemos: «Entonces temieron con gran temor, y se decían el uno al otro: ¿Quién es éste, que aun el viento y el mar le obedecen?» (v. 41).

TEMA LO QUE DEBE TEMER

Los discípulos seguían asustados, como cuando estaban en medio de la tremenda tormenta. Pero ahora temían lo que debían temer: a Dios, no a las circunstancias.

Esto me recuerda una historia sobre una mujer que iba conduciendo por la autopista, cuando vio por el retrovisor que se le acercaba un camión de dieciocho ruedas. Empezó a acercarse demasiado para su gusto, de modo que ella aceleró. Cuando aumentó la velocidad, el conductor del camión hizo lo mismo. Decidió salir de la carretera para perderlo de vista, pero él la siguió. Cada vez que ella viraba, el camión iba detrás. Al final ella sentía mucho miedo, porque el otro conductor no hacía más que seguirla.

Entonces la mujer condujo a toda velocidad hasta una estación de servicio, bajó del coche a toda prisa y se metió en la tienda de la gasolinera. El conductor del camión también se detuvo en la gasolinera. Ella observó mientras el hombre detenía su vehículo, bajaba de la cabina… y se acercaba corriendo al asiento trasero del automóvil de ella. Abrió la puerta de golpe y sacó a rastras a un hombre al que había visto colarse en su coche cuando ella no se daba cuenta.

Durante todo ese tiempo, la persona que la mujer pensaba que quería hacerle daño era, en realidad, el salvador que la perseguía. Sin embargo, como no disponía de toda la información, temía lo que no debía.

A veces nosotros también acabamos temiendo cosas incorrectas. Observamos nuestras circunstancias que parece que están en contra nuestra, cuando en realidad es nuestro Salvador quien nos persigue para librarnos de las cosas invisibles, las que no vemos. Además de darnos una experiencia de su poder liberador que, normalmente, no habríamos tenido.

LA FE EN UN NIVEL MÁS PROFUNDO

Dios sabe que necesitamos experimentarlo en un nivel más profundo para que nuestra fe crezca. Pero en ocasiones, para que esto suceda, debemos estar entre la espada y la pared. Como pasó con los discípulos.

Vemos un ejemplo de esto cuando volvemos a la historia de Jesús caminando sobre las aguas en Marcos 6. Leemos: «Pero en seguida habló con ellos, y les dijo: ¡Tened ánimo; yo soy, no temáis! Y subió a ellos en la barca, y se calmó el viento» (vv. 50-51).

Una vez más, Jesús los calmó internamente con la Palabra. «No temáis», les dijo. Abordó el caos que ellos llevaban dentro antes de unirse a ellos para solventar su problema externo. El interior recibió la calma por su Palabra, pero lo exterior se calmó cuando Jesús subió con ellos a la barca.

¿POR QUÉ ESTABAN SUS CORAZONES TAN ENDURECIDOS?

Una vez se calmaron de nuevo las cosas, leemos que los discípulos «se maravillaban». Se quedaron hipnotizados y pasmados. ¿Por qué? Porque «aún no habían entendido lo de los panes, por cuanto estaban endurecidos sus corazones» (vv. 51-52).

Un corazón sólo tiene dos opciones. Puede ablandarse o puede endurecerse. Lo que no puede es ser neutro. El hecho de que los discípulos pasaran por el milagro de la alimentación de los cinco mil y no sacaran ninguna conclusión al respecto solo puede deberse a un corazón endurecido. Pero ¿por qué sus corazones eran tan duros?

Si examinamos más de cerca la historia de los panes y los peces, que hallamos antes en Marcos 6 (vv. 33-44 y como se cuenta en Jn. 6:1-13), encontraremos la razón. En esa historia, somos testigos del poder de Dios —ese poder de Dios que satisface la necesidad manifiesta de otros.

La información confidencial del relato es la siguiente: había cinco mil hombres, sin contar a mujeres y niños, que escuchaban las enseñanzas de Jesús. Por tanto, era posible que en total fueran unas veinte mil personas. Era la hora de almorzar. Jesús quería saber cómo darían de comer a todos.

Básicamente, Felipe contestó: «Jesús, no tengo ni la más remota idea. No tenemos dinero suficiente como para comer los trece, y no hablemos ya de veinte mil». Así que Jesús pasó de largo a Felipe, quien estaba claro que no suponía una ayuda. Jesús centró su atención en Andrés. Al menos, este lo intentó. Dijo: «Jesús, no sé qué hacer. No tenemos nada. Lo único que hay es un muchacho que tiene dos pescados y cinco rebanadas de pan de cebada. Es un puñado de sardinas con algo de pan. ¿Las quieres o no, Jesús?» (Es así como parafraseo Jn. 6:5-9).

Sardinas y rebanadas. No parece suficiente ni para alimentar a un niño. Pero Jesús dijo: «Traédmelo».

Andrés llevó a Jesús el exiguo almuerzo del niño. Entonces Jesús les ordenó que se sentasen en grupos sobre la hierba. Marcos 6:41 dice que «tomó los cinco panes y los dos peces, y levantando los ojos al cielo, bendijo».

DÉ GRACIAS POR LO QUE DIOS LE DA

Pero, un momento. ¿Jesús acaba de bendecir un par de pescados y unas rebanadas de pan? ¿Ha bendecido el almuerzo de un niño? ¿No le parece poco como para dar gracias? A mí me lo parece. Tenemos allí a veinte mil personas cansadas y hambrientas, ¿y vamos a dar gracias por unas sardinas y unas galletas? ¡Por favor! ¿Me está pidiendo que dé gracias por lo que está claro que es insuficiente? ¿Que dé gracias por lo que, evidentemente, no basta?

Pero Jesús lo bendijo y dio gracias. Al hacerlo, nos otorgó un principio para cuando nos encontramos en una situación en la que, claramente, algo no es suficiente. Quizá no tengamos suficiente dinero, tiempo, energía, voluntad, salud u oportunidad. Sea cual fuese la situación, Jesús nos mostró qué hacer cuando no tenemos suficiente para satisfacer una necesidad, pero aun así hemos de satisfacerla: dar gracias a Dios por lo que nos da.

Jesús bendijo los alimentos. En la versión que hace Juan de este episodio, leemos que Jesús dio gracias. Jesús dio gracias por algo insuficiente. En esencia, dijo: «Señor, te doy las gracias porque, a pesar de que no tenemos suficiente, agradezco lo que nos has provisto. Al darte las gracias, confío en que conviertas el "insuficiente" en "más que suficiente"».

La siguiente porción de Marcos nos dice que, después de bendecir los alimentos, «partió los panes, y dio a sus discípulos para que los pusiesen delante» de las personas.

Fíjese en esto: Jesús oró, dio gracias y bendijo algunas sardinas y panecillos. Entonces, como salida de la nada, Moby Dick apareció en la playa. O fue eso o fue Orca, la ballena asesina, porque sea lo que fuese, era grande. Los discípulos no dejaron de partir los alimentos y repartirlos entre las personas.

Los asistentes comieron y quedaron satisfechos. Luego los discípulos juntaron doce cestos de trozos de pan y pescado… ¡los restos! Eso después que unas veinte mil personas comieran y quedaran satisfechas. Estar satisfecho no es comerse las pequeñas porciones que uno consume cuando toma un almuerzo para «controlar su peso» en la sección de alimentos congelados del supermercado. Que todos quedaran satisfechos tras comer quiere decir que comieron más que suficiente.

Hay más tendencia a lloriquear que a bendecir. Hay más tendencia a acusar a Dios que a volvernos a Él. Pero cuando usted da gracias por su insuficiencia, Dios puede convertir su «insuficiente» en «más que suficiente».

Habacuc es mi héroe, porque aprendió a alabar a Dios en circunstancias que no invitaban a ello. Habacuc se pasa la mayor parte de su libro diciendo cosas como: «Dios, no sé lo que estás haciendo. No entiendo cómo lo haces. Lo que haces no tiene sentido para mí. Estoy frustrado, molesto y enojado». Pero luego, después de todo eso, Habacuc dice, resumiendo: «Dios, a pesar de lo que no entiendo, y aunque me parece que me estás metiendo en un lío, te alabaré».

Los últimos versículos de Habacuc 3 captan la fe del profeta:

«Aunque la higuera no florezca, ni en las vides haya frutos, aunque falte el producto del olivo, y los labrados no den mantenimiento, y las ovejas sean quitadas de la majada, y no haya vacas en los corrales; con todo, yo me alegraré en Jehová, y me gozaré en el Dios de mi salvación. Jehová el Señor es mi fortaleza, el cual hace mis pies como de ciervas, y en mis alturas me hace andar» (vv. 17-19).

El motivo por el que alguien querría tener pies de cierva es porque se refiere a las pezuñas de las cabras monteses, que pueden trepar por los montes y caminar por terrenos escabrosos. Habacuc se regocija en Dios porque, a pesar de que está entre la espada y la pared, sabe que Él le ha dado la capacidad de superar todas las circunstancias en que se encuentra. Habacuc no sabe cómo lo hará Dios ni tampoco cuándo. Pero sabe que Él lo ha capacitado para atravesar esa situación. Por lo tanto, lo alaba en un momento en que las circunstancias no invitan a ello.

ELEGIR UN CORAZÓN AGRADECIDO O ENDURECIDO

Sé que en ocasiones usted quiere rendirse. Sé que hay momentos en los que atraviesa una tierra reseca y sedienta. Pero usted y yo debemos recordar que hemos de confiar en Dios. Aún podemos alabarlo si tenemos esperanza en Dios. Él no solo se reunirá con nosotros en medio del «insuficiente» y en mitad de la tormenta, sino que nos dará «más que suficiente». Y como hizo con los discípulos, añadirá paz, como un regalo extra.

Sin embargo, también quiere comprobar qué aprendió usted de la experiencia. Todos podemos tener corazones agradecidos y expectantes, o podemos permitir que se endurezcan y que nuestra fe flaquee. Justo después (Mr. 6:45 dice que «en seguida») de haber visto lo que podía hacer Dios para alimentar a una gran multitud con el almuerzo de un niño, Dios los metió en otras circunstancias para ver si realmente habían creído lo que le vieron hacer. Habían visto a Dios proporcionar alimentos para veinte mil estómagos hambrientos. Pero ahora que estaban angustiados, ¿confiarían en Él para que satisficiera su propia necesidad? No, porque aún no habían aprendido a confiar en un Dios que trasciende los límites sensoriales. No aprenderían esa lección hasta que Dios fuera el único en quien pudieran depositar su confianza.

A los seguidores de Jesús, nos resulta sencillo decir «amén» cuando confiamos en que Dios proveerá para otros, pero es más difícil cuando es usted o yo quien ha perdido un empleo, un hogar o la salud personal, y tenemos que confiar en Dios para que supla nuestras necesidades. En esos momentos, ¿seguiremos siendo agradecidos y tendremos fe?

VER A DIOS EN PERSONA

Juan revela la respuesta de los discípulos al llamado de Jesús desde la superficie de las aguas. Como mencioné al principio de este capítulo, Mateo, Marcos y Lucas relatan a menudo los mismos episodios. A Juan no se le incluye en los Evangelios Sinópticos porque raras veces repite las historias que cuentan los otros evangelistas. Su relato está escrito para demostrar la unicidad de la Persona y las obras de Jesucristo para salvación. Sin embargo, Juan relata el milagro de Jesús caminando sobre las aguas.

Y en su versión, Juan dice algo que no dice ninguno de los otros tres escritores de los Evangelios: «Mas él les dijo: Yo soy; no temáis. Ellos entonces con gusto le recibieron en la barca» (Jn. 6:20-21). Gracias al Evangelio de Juan, sabemos que Jesús subió a la barca; los discípulos «con gusto le recibieron». Igual que lo que sucedió en el camino a Emaús, estuvieron dispuestos a recibirlo en sus circunstancias contradictorias.

Cuando lo recibieron, las cosas cambiaron. Juan nos dice: «la cual [la barca] llegó *en seguida* a la tierra adonde iban» (v. 21, cursivas añadidas).

Son solo dos palabras, pero están cargadas de verdad: «en seguida». La última vez que miré, la barca estaba en medio del mar, a unos seis kilómetros y medio de la costa. La última vez que lo leí, los discípulos debatían si seguir adelante o dar la vuelta. Estaban entre la espada y la pared. ¿Debemos seguir adelante? ¿O hemos de dar la vuelta?

Pero Jesús los llamó y calmó su tormenta interior. Cuando lo hizo, lo vieron por sí solos. Lo vieron en medio de su necesidad, su angustia y su contradicción. Cuando oyeron su voz, lo recibieron. Cuando lo recibieron, sucedió algo milagroso: de repente los seis kilómetros y medio de agua se convirtieron en nada. La distancia entre donde estaban y donde debían estar se acortó, sobrenaturalmente, solo porque recibieron a Jesús en la barca.

DEL DESASTRE AL MILAGRO CON JESÚS

Quiero que sepa que Jesús puede hacer también por usted todas estas cosas que hemos visto en los últimos capítulos. Si usted lo recibe en medio de sus contradicciones y su dilema sin solución, Él puede tomar una tormenta y convertirla en paz. Cuando Jesús se presenta en su situación hecha un desastre, las cosas cambian. Cuando Jesús se presenta en sus circunstancias de estrés, de frenesí, usted avanza terreno rápidamente. Cuando Jesús aparece —no solo porque escucha su Palabra, sino porque recibe a su Persona—, puede cerrar el abismo del tiempo, el de una situación, el de la insuficiencia y el de la resistencia. Jesús puede en seguida convertir lo que parecía un desastre seguro en un milagro sobrenatural.

El principio es este: cuando usted está entre la espada y la pared o en medio de una tormenta rodeado de oscuridad, reciba a Jesús en sus circunstancias. Él vendrá a usted. No solo vendrá, sino que lo llevará adonde necesitaba llegar.

Lo mejor de todo es que puede hacerlo de inmediato. Si es capaz de cruzar seis kilómetros y medio de mar en una barca de madera en menos tiempo del que hace falta para sumergir un remo en el agua, puede gestionar fácilmente el punto al que lo lleva.

Cuando escuche su voz en medio de su caos, recíbalo. Él quiere acompañarlo. Solo espera a ver qué hará usted.

EN APUROS

1. ¿Por qué Jesús deja que nos «hundamos» cuando hemos caminado por fe?, pregunta el pastor Evans (ver «En el agua»). ¿Cómo responde él a esta pregunta? ¿Está usted de acuerdo?

2. En un cruce anterior por el turbulento mar de Galilea, cuando Jesús estaba con ellos, los discípulos vieron que dormía durante un temporal. ¿Cómo reaccionaron (Mr. 4:38)? Después de calmar la tormenta, ¿cómo reaccionó Jesús ante el temor de ellos (v. 40)? ¿Qué temor *saludable* sintieron al ver a Jesús, según el versículo 41?

3. Antes del segundo cruce del mar de Galilea, los discípulos habían visto cómo Jesús alimentaba milagrosamente a cinco mil hombres. Sin embargo, cuando se vieron inmersos en una necesidad propia, no habían aprendido a confiar en Dios. Marcos dice que su corazón estaba «endurecido» (6:52). ¿Por qué olvidamos a menudo quién es Dios y no tenemos corazones expectantes?

4. En los últimos tres párrafos, el pastor Evans ofrece un principio que puede convertir «un desastre seguro» en una
   liberación. ¿Cuál es? ¿Por qué cree usted que a tantos
   seguidores de Jesús les cuesta obrar de acuerdo con ese
   principio?

7

CUANDO DIOS LO DECEPCIONA

CUANDO EL ENTRENADOR JEFE de un equipo de la NFL [por sus siglas en inglés, *National Football League*, liga nacional de fútbol americano] cree que un árbitro ha cometido un error, adjudicando una jugada clave al adversario, tira al suelo una bandera roja. Esta bandera señala que el árbitro debe repasar de nuevo la jugada. Está claro que el entrenador considera que el árbitro ha cometido un error.

En nuestras vidas hay momentos, sobre todo cuando estamos entre la espada y la pared, en los que deseamos tirar al suelo una bandera roja para que Dios la vea. Queremos lanzar la bandera y detener el juego, porque parece que Dios se ha equivocado. Creemos que se le ha pasado algo por alto. Pensamos que no sabía lo que hacía, porque de haberlo sabido no hubiera permitido que las cosas sucedieran así.

Pensamos cosas como: *Si Dios hubiera sabido cómo me iba a afectar esto, no hubiese permitido que sucediera. Si hubiera sabido de verdad el sufrimiento que yo experimentaría al pasar por eso, hubiera tomado una decisión distinta.*

Queremos meter la mano en el bolsillo, sacar la bandera roja y gritar: «¡Señor, esto no lo has visto bien! Te has equivocado. Repasa la jugada, porque es evidente que has cometido un error».

En Juan 11, dos hermanas lanzaron una bandera roja a Dios después de que su hermano se enfermó gravemente. Marta y María habían enviado un mensaje a Jesús para que viniera a sanar a su hermano Lázaro. Leemos:

«Estaba entonces enfermo uno llamado Lázaro, de Betania, la aldea de María y de Marta su hermana. (María, cuyo hermano Lázaro estaba enfermo, fue la que ungió al Señor con perfume, y le enjugó los pies con sus cabellos.) Enviaron, pues, las hermanas para decir a Jesús: Señor, he aquí el que amas está enfermo. Oyéndolo Jesús, dijo: Esta enfermedad no es para muerte, sino para la gloria de Dios, para que el Hijo de Dios sea glorificado por ella. Y amaba Jesús a Marta, a su hermana y a Lázaro» (vv. 1-5).

Marta y María entraron en su situación entre la espada y la pared haciendo algo correcto. Llevaron su problema ante Jesús.

En este pasaje, descubrimos que Lázaro y sus hermanas tenían una relación especial con Jesús. Las hermanas le dijeron: «Mira, Señor, el que amas está enfermo». No estamos hablando de alguien a quien no le preocupaban las cosas espirituales o no tenía relación alguna con Jesús. Hablamos de alguien a quien Él amaba. En el versículo 5, nos enteramos de que Jesús también apreciaba mucho a las hermanas de Lázaro. Jesús había compartido con ellos tres una comunión frecuente y única.

Démonos cuenta de que, de inmediato, Jesús les dio esperanza.

Les envió un mensaje de expectación, diciendo: «Esta enfermedad no acabará en muerte». Marta y María escucharon esas palabras tranquilizadoras: «Todo irá bien. No es tan malo como parece. Dios será glorificado. Tranquilas».

Hasta ahora, todo bien. Lázaro se enfermó. Marta y María enviaron un mensaje a su amigo íntimo, que además hacía milagros, Jesús. Este les contestó que no se preocuparan, porque todo iría bien.

No obstante, el problema llegó cuando Lázaro murió.

LAS EMOCIONES VOLÁTILES DE UNA GRAN PÉRDIDA

Después de haber hecho lo correcto y de haber recibido esperanzas gracias al mensaje de Jesús, las dos hermanas vieron que Lázaro empeoró. Cuando Marta y María empezaron ese peregrinaje, Lázaro estaba enfermo. Luego su situación se agravó. Ahora Lázaro había muerto.

¿Ha experimentado alguna vez algo así? ¿Ha estado en una situación en la que las cosas se vienen abajo *después* de haberlas presentado a Jesús? ¿Ha experimentado la muerte de alguien? No solo la muerte física, porque la muerte es esencialmente una pérdida. ¿Ha experimentado alguna pérdida de cualquier tipo? Quizá fue (o es) la pérdida de un sueño, sus esperanzas, una relación, un trabajo, su familia, la economía o su salud. Las cosas enfermaron y luego murieron. Usted tenía un plan para su vida, tenía una esperanza. Pensaba que todo encajaría en su lugar. Pero no solo no lo hicieron, sino que murieron.

Si alguna vez ha estado en una situación como esa, sabe exactamente qué experimentaron Marta y María cuando quedaron atascadas entre la espada y la pared. Experimentaron emociones contradictorias y volátiles. Lázaro estaba enfermo. Marta y María buscaron ayuda en Jesús, y Él les transmitió esperanza. Lázaro murió.

CUANDO JESÚS NO ACUDE...

Tras la muerte de Lázaro, Jesús tuvo la aparente audacia de decir a sus discípulos: «Lázaro ha muerto; y me alegro por vosotros, de no haber estado allí, para que creáis; mas vamos a él» (vv. 14-15).

...REINA LA SORPRESA...

Un momento. No es posible que Jesús haya dicho eso, ¿no? Ya es bastante malo que no haya priorizado acudir ante el llamado de sus amigos en su momento de necesidad, pero ¿decir que se alegra de no haber estado allí? Si Marta y María hubieran escuchado esas palabras, podrían haber dicho: «¡¿Qué?! Te llamamos. Te necesitábamos. Confiábamos en ti. Nos querías. Estábamos sufriendo. Tú tenías la capacidad de aliviar ese dolor. ¡Y les dices a tus amigos que te alegras de no haber estado aquí! ¡Por favor, Jesús! ¿Qué tipo de amistad es esa?».

Si eso no basta para partir en dos un corazón, aún hay más. Juan nos dice: «Cuando oyó, pues, que estaba enfermo, se quedó dos días más en el lugar donde estaba» (v. 6). Jesús sabía que Marta y María lo necesitaban, y sin embargo se demoró. Podríamos pensar que, dado el hecho de que los amaba, se habría apresurado a correr en su ayuda. Pero hizo justo lo contrario. Jesús retrasó intencionadamente su respuesta a una catástrofe en las vidas de las tres personas a las que amaba.

El viaje que debería haber hecho para llegar hasta ellos no era tan largo. Juan nos dice que Jesús estaba a solo cinco kilómetros de distancia (v. 18). Eso supone un paseo de una mañana. Solo estaba a cinco kilómetros de resolver su problema, de despejar su dilema, de aportar calma a su desazón. Jesús estaba cerca y tenía tiempo de sobra para acudir. Pero no lo hizo.

Quizá, en algún momento de su vida, usted se ha visto en una situación tan terrible como la de Marta, María y Lázaro. Quizá ha clamado a Jesús, pero Él no acudió. Quizá se encuentre ahí en este momento. Parece que las cosas van de mal en peor. Usted ama a Jesús, y Él lo ama. Usted clama a Jesús, pero Él no acude.

Si se encuentra en tales circunstancias ahora, quiero recordarle que en estos momentos está más cerca de la voluntad de Dios de lo que lo ha estado en toda su vida.

Dentro del panorama de Lázaro, vemos que él amaba a Jesús y que este correspondía a ese cariño. Vemos a personas que oraban, y a Marta y María que enviaron recado a Jesús. Dentro de la soberanía de Dios, su Hijo decidió retrasarse.

...LA DECEPCIÓN Y LA FRUSTRACIÓN

Esto, hermanos y hermanas, puede llevarnos a sentirnos decepcionados con Dios.

Quizá usted sepa lo que se siente cuando Dios nos decepciona. No voy a fingir que soy muy espiritual y a negar que lo sé. A mí Dios me ha decepcionado. Imagino que a usted también. Dios lo decepciona cuando no acude en su ayuda; y, encima, ni siquiera le dice por qué no ha ido a ayudarle.

Eso hace que usted se desencante. Lo frustra. Empieza a preguntarse de qué sirve ser cristiano cuando uno se ve encajado entre la espada y la pared y clama a Jesús, solo para que este se demore.

EL PROPÓSITO DESCONOCIDO, PERO MAYOR, DE DIOS

Si usted se encuentra en una situación así ahora, quiero animarlo a que no se rinda. Si ahora mismo se siente decepcionado con Dios, quiero recordarle que Él conoce su nombre. Se preocupa por usted.

Si no logra ver que Dios viene en su rescate ahora mismo, a pesar de estar haciendo todo lo que sabe durante una circunstancia difícil, no tire la toalla todavía. Cuando Dios se demora, siempre lo hace con un propósito mayor. Puede que ahora usted no logre ver ese propósito, porque vive dentro de los confines del tiempo lineal. Pero Dios sabe qué le aguarda a la vuelta de la esquina, y vale la pena esperar.

LA MUERTE COMO "DORMIR"

Jesús, que siempre aprovecha el momento, convirtió su demora en un tiempo de enseñanza para sus discípulos. «Nuestro amigo Lázaro duerme; mas voy para despertarle» (v. 11). Mediante su retraso, introdujo un nuevo concepto para ellos: el dormir.

El verbo *dormir* se usa en el Nuevo Testamento para hablar del estado de los creyentes que han fallecido. En lugar de contemplar la muerte como la cesación de la existencia, Jesús la ilustra como una mera transferencia de consciencia, como cuando uno duerme. Cuando usted duerme, sigue muy vivo.

La mayoría de nosotros no tiene miedo a dormir. De hecho, seguramente muchos esperamos ansiosos ese momento. El motivo de que no nos dé miedo dormir es que sabemos que lo único que hacemos es una transición a otro ámbito de consciencia. Al dormir no dejamos de existir.

Como creyente, usted no morirá. Si la muerte le da miedo, entonces teme algo que no le sucederá jamás. Temer la muerte como creyente es similar a temer irse a dormir. La Biblia dice: «pero confiamos, y más quisiéramos estar ausentes del cuerpo, y presentes al Señor» (2 Co. 5:8). Cuando usted muera, no estará muerto ni el tiempo suficiente como para darse cuenta de que ha fallecido. Existe una transición inmediata a la presencia de Dios.

Jesús utilizó el verbo *dormir* cuando habla de la muerte de Lázaro porque quería que los discípulos —y todos nosotros— miraran las cosas con ojos espirituales. No quiere que veamos la vida con los ojos del mismo mundo físico y limitado que define nuestra existencia día tras día. Cuando estamos demasiado atados a nuestro entorno físico y a sus definiciones, nos perdemos las oportunidades espirituales potenciales. Jesús quiere que veamos la vida con los ojos de la fe.

Los discípulos no entendían esta nueva verdad. En lugar de eso, uno de ellos le dijo a Jesús: «Señor, si duerme, sanará» (v. 12). Seguían pensando en el dormir en el sentido normal del término.

Cuando Jesús escuchó la interpretación literal de *dormir*, les habló sin rodeos: «Lázaro ha muerto... Mas vamos a él» (vv. 14-15).

TIRANDO LA BANDERA ROJA

Jesús llegó por fin a los aledaños del pueblo, donde Marta lo vio llegar. Marta y María vieron a Jesús en distintos momentos y entornos, pero ambas lo saludaron diciendo exactamente lo mismo: «Señor, si hubieses estado aquí, mi hermano no habría muerto» (vv. 21, 32). Las primeras palabras que brotaron de los labios de Marta y María cuando llegó Jesús fueron, básicamente: «Jesús, esto es culpa tuya. Porque si tú hubieras venido, nosotras no estaríamos aquí ahora. No tendríamos que habernos enfrentado a la enfermedad, la pérdida, la muerte y el sufrimiento emocional».

La pregunta tácita en todas esas palabras es: ¿De qué sirve un Dios que no está con nosotros cuando más lo necesitamos?

Esta era una pregunta comprensible a la luz de lo que acababa de suceder. Está bien admitir que uno ha tenido los mismos pensamientos o ha formulado las mismas preguntas. Yo lo he hecho. ¿Qué tal si nos damos permiso para no edulcorar nuestra fe actuando como si todo estuviera bien constantemente? Porque no es así. Decir que sí lo es sería mentir. Mentir es pecado.

Así que seamos sinceros, como Marta y María. A veces solo nos apetece gritar: «¡Jesús, esto está mal! ¡Me has abandonado!». Tiramos la bandera roja.

Hay muchas maneras distintas de hacer esto. Marta y María ilustran dos de ellas para nosotros. «Entonces Marta, cuando oyó que Jesús venía, salió a encontrarle; pero María se quedó en casa» (v. 20).

Estas dos hermanas tenían personalidades diferentes. Marta era expresiva y atrevida. Si era necesario, lo decía todo a la cara. Cuando Jesús visitó su hogar mucho antes para cenar, Marta pensaba preparar una gran comida elaborada para Jesús y sus discípulos. María se sentó al lado de Jesús y conversó con Él, dejando que Marta hiciese todo el trabajo. Marta se molestó cuando salió a la sala y vio a su hermana confraternizando con Jesús en lugar de ayudarla en la cocina, donde hacía calor porque la cena estaba en marcha para todos aquellos predicadores hambrientos. Leemos:

> Pero Marta se preocupaba con muchos quehaceres, y acercándose, dijo: Señor, ¿no te da cuidado que mi hermana me deje servir sola? Dile, pues, que me ayude. Respondiendo Jesús, le dijo: Marta, Marta, afanada y turbada estás con muchas cosas. Pero sólo una cosa es necesaria; y María ha escogido la buena parte, la cual no le será quitada (Lc. 10:40-42).

Básicamente, Marta se acercó a Jesús y le preguntó:

—Jesús, ¿le vas a decir a María que venga a ayudarme? Porque ha dejado las tareas de la cocina en mis manos, y eso no está bien, Jesús. No está nada bien.

Jesús le dijo:

—Contén tu lengua, Marta. No voy a hacer nada de eso. Tu problema es que tienes en marcha demasiadas cosas a la vez. Un plato sencillo bastará. María ha elegido la mejor alternativa.

A partir del episodio con Marta, vemos que era la extrovertida, la directa, que decía las cosas como las veía. María, por otro lado, era más apacible. Como las dos hermanas eran tan diferentes, cuando

Jesús llegó a la escena de la muerte de Lázaro, escuchamos las mismas palabras, pero con distinta expresión. Las dos hermanas estaban decepcionadas. Lo sé porque ambas dijeron lo mismo. Pero Marta salió como un rayo por la puerta de la casa, bajó corriendo por el camino y de inmediato le recriminó a Jesús.

Por otro lado, María estaba tan enojada que ni siquiera salió de casa. Se quedó en su hogar. Marta corrió por el camino mientras María decía: «No voy a dirigirle la palabra. Si quiere hablar conmigo, que venga a casa, porque todo esto es culpa suya».

Sea cual fuese nuestro tipo de personalidad —extrovertido: «le recrimino todo a Dios a la cara», o introvertido: «no quiero hablar del asunto», o cualquier otro—, podemos estar seguro de que Jesús se reunirá con nosotros en el lugar en que estemos.

LO QUE SABÍA MARTA

En cuanto llegó Jesús, Marta no perdió el tiempo; quería ir al grano rápido. Después de decirle: «Señor, si hubieras estado aquí, mi hermano no habría muerto», lanzó una afirmación teológica que tiene consecuencias impresionantes: «Mas también sé ahora que todo lo que pidas a Dios, Dios te lo dará» (Jn. 11:21-22).

Es fácil pasar por alto esta aseveración una vez leída. Marta se encontraba en una situación sin esperanza: estamos hablando de la muerte. A pesar de ello, dijo que sabía algo. Echó mano de lo que sabía que era cierto a pesar de las circunstancias en que se hallaba. *Sabía que, cualquier cosa que Jesús pidiera a su Padre, Él la haría.*

Esta es una de las verdades más profundas que descubrirá usted jamás. En el capítulo siguiente, la examinaremos más a fondo, pero quiero que entienda esto ahora. Cualquier cosa que Jesús pide al Padre, este la hace. El Padre nunca le niega nada al Hijo, excepto cuando este murió en la cruz, porque en aquella situación estaba involucrado el pecado. Pero exceptuando ese instante único, el Padre nunca rehúsa nada de lo que el Hijo le pide. Y Marta lo sabía.

UN MENSAJE PERSONAL DE JESÚS

Jesús le contestó a su fe diciendo: «Tu hermano resucitará» (v. 23).

Fíjese en lo que sucedió. Marta expuso una verdad teológica general: «Lo que le pidas al Padre, Él lo hará». Esta verdad general condujo a un mensaje personal de Jesús: «Tu hermano resucitará».

Cuando Jesús afirma la verdad objetiva que ha dicho Marta, le ofrece un mensaje personal sobre su hermano. Jesús personalizó su comunicación con Marta cuando ella afirmó aquella verdad general sobre Él. En otras palabras, si usted no cree en la revelación general de Cristo, Dios no va a darle una aplicación específica. Pero como Marta afirmó una revelación general, Él le dio una aplicación concreta. Entonces, si echamos un vistazo al versículo 25, veremos que cuando ella quiso entender cómo se aplicaba la revelación, Jesucristo se la dio en persona. Le reveló: «Yo soy la resurrección y la vida».

El gran problema que a menudo encontramos hoy en nuestras iglesias es que las personas pueden acudir a ellas y obtener una revelación sin salir del edificio con una aplicación especial. Usted la escucha, asiente o dice: «Amén». Pero a menos que la reciba, nunca obtendrá una aplicación específica, como le pasó a Marta. Para escuchar las cosas «secretas» de Dios, que son personales y llevan nuestro nombre, primero debemos creer y actuar basándonos en la revelación general que nos ha dado. Abraham, sacrifica a tu hijo. Moisés, quítate el calzado. Discípulos, crucen el mar.

Cuando Marta recibió este mensaje personal de que su hermano resucitaría, ella formuló una declaración teológica más profunda: «Yo sé que resucitará en la resurrección, en el día postrero» (v. 24).

Básicamente, lo que dijo Marta fue: «Jesús, eso ya lo he entendido. Conozco el programa escatológico del que me hablas. Pero yo estoy hablando de otra cosa. Hablo de la decepción que siento ahora. Necesito una solución ahora, porque me encuentro entre la espada y la pared».

JESÚS, EL DIOS DEL «AHORA MISMO»

Entonces Jesús le respondió con una observación irónica. Le dijo: «Yo soy la resurrección y la vida; el que cree en mí, aunque esté muerto, vivirá. Y todo aquel que vive y cree en mí, no morirá eternamente» (vv. 25-26).

¿Por qué es esto un comentario irónico? Porque Jesús dice que hasta que usted convierta su teología sobre Él en una experiencia con Él, seguirá siendo una doctrina sobre un papel y no una realidad en su existencia.

Marta tenía la teología correcta. Dijo: «Sé que resucitará». Ella afirmó lo que su teología le dijo: resucitará en el día postrero. Pero Jesús respondió: «Yo *soy* la resurrección y la vida» (cursivas añadidas). Cristo le dijo que, aunque su hermano resucitaría en el futuro, Él también era un Dios del ahora mismo, en medio de una experiencia de muerte. Jesús quería que Marta supiera que Él no solo será la resurrección en el futuro, sino que es un Dios resucitador aquí y ahora.

Una vez dejó eso claro, Jesús le formuló una pregunta. Le dijo: «¿Crees esto?» (v. 26). Jesús quería saber si ella creía en su teología, que era correcta, y si estaba segura de que Él era decía quien decía ser. No solo para el futuro con anticipación, sino para ahora. ¿Cree en su revelación personal?

Esta es una pregunta que también nos formula a nosotros. Usted puede creer todas las verdades teológicas que le enseñaron, pero sin experimentarlas de una forma relevante en su vida actual. Dios no quiere mantener una relación con nosotros en la que solo balbuceemos teología, sino aquella en la que hemos visto cómo esa teología se hace viva en nuestra experiencia. Quiere que la verdad sobre Dios se convierta en una realidad «yo soy». Eso es lo que le dijo a Marta.

A menudo Dios permite que la verdad sobre sí mismo nos lleve a una experiencia íntima con Él, porque la verdad a solas, sin la Persona, no es más que una comprensión cognitiva sin poder. Dios nos permite estar entre la espada y la pared por un motivo. Dios deja que en su vida y en la mía mueran cosas con el propósito expreso de dejarnos ser testigos de lo que Él puede hacer cuando creemos que es el Yo Soy, no solo para mañana, sino también para nuestro hoy.

EN APUROS

1. «Dios lo decepciona cuando no acude en su ayuda». Puede que usted se sienta frustrado, incluso desesperado. ¿Qué emociones experimentó cuando le pareció que Dios lo ignoraba o no escuchaba sus oraciones? ¿Está bien sentirse así? ¿Por qué o por qué no?

2. ¿Qué sabía Marta sobre la relación entre Jesús y Dios Padre? A pesar de esta profunda verdad teológica, Marta seguía triste porque Jesús no había llegado antes. ¿Qué nos dice esto sobre las luchas entre la verdad teológica, los sentimientos y la fe?

3. Jesús respondió a la verdad teológica general de Marta con un mensaje personal: «Tu hermano resucitará». ¿Qué le sucedió a Marta (y nos pasará a nosotros) cuando afirmó aquella revelación general?

4. ¿En qué sentido es Jesús un Dios del ahora mismo y no solo un Dios de mañana? ¿Por qué es importante que tengamos «un Dios del ahora mismo, en mitad de una experiencia de muerte»?

8

QUITE LA PIEDRA

EMPEZAMOS NUESTRO ÚLTIMO CAPÍTULO sobre el tema de un Dios que lo sitúa entre la espada y la pared, y lo hacemos con el versículo más corto de la Biblia. Es increíble cómo algo tan breve puede decir tanto. Este versículo sólo tiene dos palabras. Pero no quiero que su longitud nos haga perder de vista su significado.

«Jesús lloró», nos dice el apóstol Juan (11:35).

Marta había dicho a Jesús que ella creía que Él era la resurrección y la vida (v. 25). Y luego había ido corriendo a decirle a María que Jesús había llegado.

Luego María, al ver a Jesús, cayó a sus pies y le dijo: «Señor, si hubieses estado aquí, no habría muerto mi hermano» (v. 32). Juan nos dice que Jesús, «al verla llorando, y a los judíos que la acompañaban, también llorando, se estremeció en espíritu y se conmovió, y dijo: ¿Dónde le pusisteis? Le dijeron: Señor, ven y ve» (vv. 33-34).

Entonces, escribe Juan, «Jesús lloró».

JESÚS SIENTE NUESTRO DOLOR

Allí había muchas personas llorando. Marta lloraba, al igual que María. Los judíos también lloraban. Percibiendo todas las emociones agitadas a su alrededor, Jesús «se estremeció en espíritu y se conmovió». Sintió el dolor de María.

Lo más hermoso de Jesús es que sabe cómo se siente usted. Él puede identificarse con su dolor porque fue hombre. Sabe cómo se siente alguien al perder a un ser querido. Sabe lo que significa que lo rechacen. Sabe qué se siente que las aves tengan nidos y los zorros madrigueras, pero que el Hijo del Hombre no tenga dónde recostar su cabeza (Mt. 8:20). Jesús sabe qué es tener hambre y sed. Sabe lo que es sentir tristeza. Jesús no solo sabe cómo se siente usted, sino que también ve sus lágrimas y llora con usted.

«Jesús lloró».

No se pierda el significado de estas dos palabras. No olvide jamás que ninguna de las lágrimas que usted derrame escapa a la atención y a la empatía de Jesús. Jesús lloró. Lloró con María y también llora con usted. No olvide esto.

UNA PETICIÓN SIN SENTIDO

La siguiente parte del pasaje contiene lo que es, potencialmente, la verdad espiritual más revolucionaria que podría aprender usted para aplicarla a su vida cotidiana. Puede sustentarlo cuando se encuentre atrapado entre la espada y la pared. Leemos: «Jesús, profundamente conmovido otra vez, vino al sepulcro. Era una cueva, y tenía una piedra puesta encima. Dijo Jesús: Quitad la piedra. Marta, la hermana del que había muerto, le dijo: Señor, hiede ya, porque es de cuatro días» (vv. 38-39).

Jesús formuló una petición sencilla: «Quitad la piedra». Marta lo interrumpió para decirle que lo que les pedía no era práctico. Le hizo ver que lo que solicitaba no era lógico. No tenía sentido biológico.

«Mi hermano ya lleva muerto cuatro días —le explicó Marta—. ¿Te acuerdas que llegaste tarde, Jesús? Cuando alguien lleva muerto cuatro días, se produce una degradación del cuerpo. Esto quiere decir que olerá mal. Si hubieras estado aquí, él no estaría en estas circunstancias. Pero ahora que estás aquí, no creo que quitar la piedra sea la mejor opción».

Cuando Dios nos pone a usted o a mí entre la espada y la pared, a menudo nos pide algo que no tiene ningún sentido. Su petición a los dolientes no es lógica. Lázaro estaba, literalmente, entre la espada y la pared. Lázaro estaba literalmente tras una piedra. Jesús les pidió a los asistentes al duelo que apartaran la piedra, y no les dio más información.

La verdad espiritual que usted puede aplicar a su vida cotidiana es esta: cuando Dios está preparado para hacer algo importante en su vida que conlleve la liberación de una situación que se ha complicado, o la resurrección de una circunstancia que ha muerto, a menudo incluirá un pedido ilógico. Esa petición no tenía sentido práctico para Marta. Pero tampoco lo tenían muchas de las peticiones que vimos en los capítulos anteriores. A Abraham se le pidió que sacrificara a su hijo, sin embargo ese hijo sería el fundador de una gran nación. A Moisés se le dijo que sostuviera su báculo sobre una inmensa masa de agua para que Dios la dividiera y el pueblo pudiera pasar en seco. A Pedro se le pidió que saliera de la barca en medio de una tormenta y empezara a caminar. Ninguna de esas peticiones parece lógica.

Cuando Dios se dispone a hacer algo en su situación «entre la espada y la pared», no se sorprenda si le formula una petición que no tiene sentido. Y quiero animarlo a que, cuando eso suceda, no aplique la lógica a Dios. En situaciones como esta, solemos discutir sus instrucciones. Igual que lo hizo Marta. Según podemos leer, la instrucción que le dio Jesús era bastante sencilla: «Quitad la piedra». No le pedía que hiciera astrofísica. Solo dijo: «Quitad la piedra».

Esto me recuerda algo que aparece con frecuencia en medio de las sesiones de consejería que celebro en nuestra iglesia. Después de escuchar un problema, ofrezco el punto de vista de Dios —su voluntad revelada por medio de su Palabra— sobre el tema para el que me han pedido consejo. A menudo me encuentro con una reacción lógica que me dice por qué eso no funcionará. Acabo de exponer lo que dice la Biblia sobre ese asunto. Recibo un razonamiento bien organizado y documentado, de por qué eso no funciona. Inevitablemente, cuando esto sucede, siento ganas de preguntar qué les hubiera sucedido a Josué y a los israelitas si hubieran hecho lo mismo. ¿Qué hubiera pasado si Josué hubiese dicho: «Eso que me dices está muy bien, Dios, pero no funcionará»?

EL RETO DE JOSUÉ A OBEDECER

Acompáñeme un momento e imaginemos a Josué.

Josué era el general del ejército israelita. Tenía experiencia en dirigir combates. Dios le dijo: «Josué, esta es tu estrategia militar divina, procedente de lo más alto. Quiero que camines en torno a Jericó una vez al día durante seis días. El séptimo día, quiero que tú y todos los que están contigo caminen siete veces en torno a la ciudad. La séptima vez —atención, porque esto es clave— quiero que todo el mundo *grite*. ¿Qué te parece?».

Josué se enfrentaba a una batalla contra una ciudad amurallada. Los defensores estaban sentados en lo alto de las almenas, armados con arcos, flechas y lanzas que apuntaban directamente al ejército israelita. Los soldados de Josué carecían de protección cuando caminaban rodeando la ciudad. Eso no era lógico. Tampoco era lógico pensar que uno derribaría una muralla, que había permanecido años en su sitio, tan solo con gritos. Pero en el caso de Dios, la lógica no es necesaria. Esta es la idea: todo consiste en hacer lo que Él nos manda, y hacerlo con fe.

Josué hizo lo que Dios dijo, y leemos que al cabo del séptimo día, «cuando el pueblo hubo oído el sonido de la bocina, gritó con gran vocerío, y el muro se derrumbó» (Jos. 6:20).

EL RETO DEL CAPITÁN NAAMÁN

¿Y qué decir de Naamán? Naamán era un capitán en el ejército de Aram, un hombre que padecía lepra. Naamán había oído hablar del profeta Eliseo, así que fue a ver si este podía sanarlo. Eliseo, por otro lado, ni siquiera salió a recibirlo a la puerta, sino que envió a un mensajero. Este dijo a Naamán: «Ve y lávate siete veces en el Jordán, y tu carne se te restaurará, y serás limpio» (2 R. 5:10).

Naamán se ofendió al escuchar esto. Se enfureció tanto que se marchó de inmediato, sin tener la más mínima intención de seguir las instrucciones que había recibido. Leemos:

«Y Naamán se fue enojado, diciendo: He aquí yo decía para mí: Saldrá él luego, y estando en pie invocará el nombre de Jehová su Dios, y alzará su mano y tocará el lugar, y sanará la lepra. Abana y Farfar, ríos de Damasco, ¿no son mejores que todas las aguas de Israel? Si me lavare en ellos, ¿no seré también limpio? Y se volvió, y se fue enojado» (2 R. 5:11-12).

Naamán se negó a seguir las instrucciones porque le parecieron absurdas. Primero, le sorprendió que Eliseo ni siquiera lo recibiese en persona. Luego puso en marcha su lógica, que le dijo que los ríos de Damasco estaban más limpios que el Jordán. Descartó aquel procedimiento porque no tenía tiempo para perder en una solución tan improvisada para su problema. Pero mientras se marchaba, sus siervos fueron detrás de él y le dijeron: «Padre mío, si el profeta te mandara alguna gran cosa, ¿no la harías? ¿Cuánto más, diciéndote: Lávate, y serás limpio?» (v. 13).

Al final, Naamán accedió. «El entonces descendió, y se zambulló siete veces en el Jordán, conforme a la palabra del varón de Dios; y su carne se volvió como la carne de un niño, y quedó limpio» (v. 14).

Muchos de los escenarios bíblicos que representan la intervención divina se introducen con una petición carente de sentido. Si añade la lógica humana a la Palabra de Dios, ignora el poder de la Palabra en sus circunstancias. En el momento en que Dios dice una cosa, y usted contesta: «Un momento, es que…», acaba de anular lo que ha dicho Dios.

TIRANDO DE LAS RIENDAS DE LA LÓGICA

Cuando estaba aprendiendo a montar a caballo con mi hijo, en un campamento familiar celebrado al este de Texas, yo pensaba que dominaba las técnicas básicas de la hípica. Había visto series televisivas del lejano Oeste. Imaginaba que ya sabía todo lo posible sobre cómo se monta un caballo. No podía ser muy difícil, ¿no? Uno se sube a la silla de montar, hace un chasquido con la boca y dice: «Arre», golpeando con el talón el costado del caballo.

Eso es lo que hice. Pero mi caballo tenía un problema. Era un caballo extraño. Era un caballo paranoico. Y es que cada vez que decía: «Arre» y le daba el golpecito, el caballo avanzaba un poco y luego se marchaba hacia atrás.

Enseguida llamé al vaquero y le pedí un caballo nuevo. Le dije que mi caballo estaba loco. El vaquero echó un vistazo a lo que estaba haciendo yo y me dijo que el que estaba loco no era el caballo. Me dijo que mi forma de montar estaba errada, porque le decía: «Arre» y luego lo golpeaba en los ijares, mientras al mismo tiempo sujetaba las riendas con firmeza.

«Eso no se puede hacer, Tony —me dijo—. Has confundido a este animal. No sabe qué tiene que hacer».

Muchos de nosotros hacemos lo mismo con Dios. El domingo

clamamos: «¡Alabado seas, Señor! ¡Arre! ¡Cabalga, rey Jesús!»; sin embargo, al mismo tiempo sujetamos con fuerza las riendas de la lógica humana. Entonces nos preguntamos por qué Dios no nos libra de nuestra situación entre la espada y la pared. No vemos liberación porque cuando Jesús dice: «Quiten la piedra», nosotros respondemos: «Pero ¡eso no tiene sentido!».

Jesús no quiere discutir sobre la piedra que nos ha pedido que quitemos. No quiere saber lo grande que es. Tampoco le interesa cuánto tiempo lleva allí. Ni siquiera quiere saber cuál es el estado del cadáver que hay tras la piedra. Lo único que Jesús quiere que usted haga es que la quite.

Después del argumento de Marta, parece que Jesús empezó a molestarse. Le contestó: «¿No te he dicho que si crees, verás la gloria de Dios?» (Jn. 11:40).

DE LA DISCUSIÓN A LA LIBERACIÓN

Aquí Jesús habló como un padre: «¿No has oído lo que he dicho? ¿No prestabas atención? He dicho: "Quiten la piedra", y ahora quieres entrar en debate sobre los aspectos de la muerte. Quieres hablar del proceso de descomposición de los cuerpos. Quieres entrar en un extenso debate y enseñarle al Omnisciente, el que ya sabe todas las cosas. ¿No te he dicho...?».

Muchos de nosotros, como Marta, demoramos nuestra liberación debido a nuestras discusiones. Pasamos tanto tiempo discutiendo lo ilógicas que son las expectativas de Dios que no alcanzamos nunca la libertad. Por tanto, nuestra situación queda encerrada en un sepulcro.

Jesús dijo: «¿No te he dicho?». Le recordó a Marta la conversación que acababan de tener. Le recordó el debate teológico que justo habían tenido. No hacía falta que volvieran a empezar. Antes le había dicho: «Yo soy la resurrección y la vida; el que cree en mí, aunque esté muerto, vivirá. Y todo aquel que vive y cree en mí, no morirá eternamente. ¿Crees esto?» (vv. 25-26).

Durante esa conversación, Marta se había puesto muy espiritual. Dijo:

—Sí, claro que lo creo, Jesús. Confío en ti. Eres el eje de todas las cosas. Eres la rosa de Sarón. Eres todo eso y más. ¡Creo, Jesús!

—Muy bien —dijo Jesús—. Entonces, pídeles que quiten la piedra.

—Un momento —replicó Marta—. Hablémoslo.

El problema es que Marta no fue más allá de la verdad bíblica que había aprendido pero que nunca tuvo que aplicar. La información teológica estaba bien para un aula y para los apuntes de su cuaderno, pero nunca había tenido que usarla en su vida. Ahora sí.

Nos parecemos mucho a Marta. Creemos en un Jesús del que podemos hablar, pero no de uno con quien podemos encontrarnos personalmente. Creemos que puede cambiar las cosas para los demás, pero no para nosotros.

Jesús lo dijo con toda la claridad posible: «¿No te he dicho que si crees, verás la gloria de Dios?» (v. 40). Esta es otra de esas pepitas de oro que encontramos en la Biblia. No malinterpretemos el versículo. Jesús no dijo: «Si ves, Marta, creerás». Dijo: «Si crees, verás».

VIVIR POR FE

Este es el principio: para experimentar al Cristo vivo en su situación muerta, la fe debe anteceder a la vista, porque sin fe es imposible agradar a Dios (He. 11:6). La fe precede a la vista. Uno de los grandes versículos de la Biblia describe esta circunstancia. Dice: «Es, pues, la fe la certeza de lo que se espera, la convicción de lo que no se ve» (11:1). En otras palabras, la fe no exige una evidencia empírica para justificar lo que hacemos. Para creer no hace falta gustar, oler, tocar, escuchar o ver nada. No hay nada que puedan captar los cinco sentidos porque, si lo hubiera, entonces ya no sería fe. Para saber que algo es real, no hace falta verlo. Lo que uno tiene que hacer es actuar con fe.

Dios dice que el justo «por la fe vivirá» (10:38). Así que, ¿cómo puede saber si tiene fe? Solo sabrá que tiene fe *cuando aparte la piedra, cuando haga lo que Dios le ha pedido*. Si usted no hace lo que Dios le dijo que hiciera, es que no tiene fe. Si discute sus instrucciones, aún no ha alcanzado la fe necesaria; está todavía inmerso en el debate. Si reflexiona sobre el tema, aún no ha llegado al punto de fe; sigue sumido en el proceso intelectual.

No habrá llegado al punto de la fe hasta que Dios vea cómo aparta esa piedra.

¿Qué puede esperar que suceda cuando aparte la piedra? Jesús dijo a Marta que, si creía, vería «la gloria de Dios». La gloria de Dios consiste en ver a Dios manifestarse en sus circunstancias. Lo verá manifestarse en su situación entre la espada y la pared.

NO BUSQUE LOS DETALLES

Pero también es importante ser conscientes de que Jesús no le dijo a Marta lo que iba a ver. Aunque le dijo que iba a suceder algo, no le ofreció los detalles de lo que iba a pasar.

Es importante que nos demos cuenta de esto. Muchos de nosotros acudimos a Dios y decimos: «Señor, dinos qué vas a hacer detrás de esa piedra cuando la aparte, de modo que pueda decidir si merece la pena quitarla o no. Dame los detalles, y entonces tendré fe». Pero lo que hemos de recordar es otro principio teológico profundo, además de simple: si Dios no consigue que respondamos a su voluntad revelada —«aparta la piedra»—, nunca descubriremos su voluntad oculta. Nunca sabrá qué hará Dios tras la piedra hasta que usted la aparte. Mientras siga discutiendo sobre la piedra, siempre será un secreto. Dios dice: «Aparta la piedra, y entonces te enseñaré lo que voy a hacer en secreto detrás de ella».

Muchos de nosotros no vemos lo que puede hacer Dios porque, no solo queremos que Él nos diga primero lo que va a hacer, sino que también queremos debatir con todos los que nos rodean si vamos a mover la piedra o no. Queremos analizar los resultados posibles de nuestra obediencia, en lugar de practicarla. Queremos discutir las posibles complicaciones de la petición de Dios, como hizo Marta. Ella había dicho a Jesús: «¡Eh, si quitamos la piedra, olerá mal!».

La afirmación de Marta es aplicable a muchos de nosotros, porque muchos estamos en una situación maloliente. Huele mal. Pero ¿qué hacemos? Organizamos reuniones para debatir si quitamos la piedra. Nos reunimos demasiado. Muchas de estas reuniones tendrían que reducirse a una sola: lo que vayamos a debatir en la segunda o tercera reunión será la misma piedra de la primera. Decidimos que, a lo mejor, deberíamos apartar un poco la piedra y ver qué pasa. O debatimos cuántas personas serán necesarias para moverla. Hablamos de que a algunos no nos apetece mucho mover la piedra por la mañana, y preferimos apartarla por la noche. Pasan diez años, y seguimos discutiendo cómo mover la piedra de mil maneras diferentes. Mientras proseguimos con nuestras reuniones año tras año, ¿sabe lo que sucede detrás de la piedra? Cada vez huele peor.

JESÚS, NUESTRO GRAN INTERMEDIARIO

Juan 11:41 nos dice que al final los asistentes al entierro captaron la idea. «Entonces quitaron la piedra». Sin hablarlo más, apartaron la piedra. La siguiente palabra de este pasaje es esencial. Dice: «Y...». Después que hicieron lo que Jesús les había pedido, Él intervino. Jesús no hizo nada hasta que ellos no apartaron la piedra.

Leemos: «Y Jesús, alzando los ojos a lo alto, dijo: Padre, gracias te doy por haberme oído. Yo sabía que siempre me oyes; pero lo dije por causa de la multitud que está alrededor, para que crean que tú me has enviado» (vv. 41-42).

En este versículo que acabamos de leer, hallamos una gran verdad de la Biblia, procedente del libro de Hebreos. El capítulo 7 de ese libro habla de Jesús cuando dice: «por lo cual puede también salvar perpetuamente a los que por él se acercan a Dios, viviendo siempre para interceder por ellos» (v. 25). Interceder por alguien significa ser intermediario. Un abogado ante un tribunal es el intercesor de su cliente. Jesús es nuestro intermediario.

Recordemos las palabras de Marta que vimos en el capítulo 7: «Mas también sé ahora que todo lo que pidas a Dios, Dios te lo dará» (Jn. 11:22). Marta tomó lo que había aprendido y supo que el Padre haría lo que Jesús le pidiera. Obviamente, no lo entendía del todo; por eso le pidió a Jesús que intercediera y pidiera al Padre por ella, para que Él introdujese un cambio en sus circunstancias.

La Biblia declara que Jesús está sentado a la diestra del Padre, donde «intercede por nosotros» (Ro. 8:34). Este es un concepto teológico que a la mayoría de nosotros nos parece etéreo. Pero si puede entender esta verdad y aplicarla a su relación con Dios, puede cambiarlo todo. Porque si usted aparta la piedra, y hace simplemente lo que Jesús le ha revelado que debe hacer (y puede descubrir lo que es si permanece en Cristo), entonces Jesús hablará a Dios en su nombre.

Déjeme que le diga cuál es la diferencia entre su conversación con Dios y cuando Jesús habla con Él como su intermediario. Cuando usted habla con Dios, puede que lo que dice lo mueva a actuar dependiendo de la pureza de su vida o de muchas circunstancias diferentes. Pero cuando Jesús habla a Dios en su nombre, Dios siempre lo escucha. Jesús se puso ante la tumba de Lázaro y le dijo a su Padre: «Yo sabía que siempre me oyes» (v. 42). La clave para la oración es que Jesús ore solicitando lo que usted pide. Por eso Él dice: «Si permanecéis en mí, y mis palabras permanecen en vosotros, pedid todo lo que queréis, y os será hecho» (Jn. 15:7). Jesús le ofrece el privilegio de llevar su fe a cuestas. Como la ilustración de aquella niña pequeña que se subía a la espalda de su padre (en el capítulo 1), Jesús dice: «Incluso si tu fe es débil, échala sobre mi espalda».

¿Cómo se hace esto?

Permanezca en Él. Descubra cuál es el punto de vista de Dios sobre este asunto. Aprenda lo que le pide que haga por medio de su Palabra. Luego hágalo: aparte la piedra. Quítela, como hicieron los asistentes al funeral cuando Jesús se lo pidió. Él oró, y Dios respondió.

Leemos: «Y habiendo dicho esto, clamó a gran voz: ¡Lázaro, ven fuera!» (v. 43). Ahora bien, me alegro de que Jesús dijo: «*Lázaro*, ven fuera», porque si solo hubiera dicho «ven fuera», todos los muertos hubieran salido de sus sepulcros.

Pero Jesús pronunció un nombre. Jesús personalizó su llamado. Jesús llamó a una persona concreta en una situación determinada, como respuesta a una fe específica que tuvo un grupo de personas en particular. ¿Y sabe qué recibieron aquellas personas concretas? Una resurrección. Un milagro.

Lázaro estaba atrapado en un sepulcro, y solo Dios podía sacarlo de allí.

QUITE LA PIEDRA

Me pregunto si alguna vez se ha visto atrapado en una tumba. Su situación entre la espada y la pared ¿ha conllevado alguna muerte? Ha intentado salir de la tumba solo, pero esta lo mantiene atado. Está atrapado. Encallado. Si esto describe su situación, necesita algo más que una resucitación. Necesita más que una liberación. Necesita una resurrección. ¿Recuerda lo que dijo Jesús en medio de la muerte? Dijo: «Ven fuera».

Dios quiere que algunas circunstancias muertas retornen a la vida. Quiere que los trabajos muertos revivan. Quiere resucitar matrimonios difuntos. Pero no consigue que los maridos y las esposas aparten la piedra. Quieren seguir hablando de muchas cosas distintas, cuando Dios dice: «Lo único que deben hacer es apartar la piedra».

Marta y María no podían dar vida. Lo único que hicieron fue apartar la piedra cuando Jesús lo ordenó. Entonces Él produjo un milagro.

Alguien que lee este libro necesita un milagro. Algo en su vida ha muerto, y necesita que Dios lo llame de vuelta a la vida. Alguien está atrapado en una adicción. Ha intentado todo lo que conocía para salir de ella, pero no parece haber dado resultado. Lo que necesita es una resurrección. Alguien está atascado en una mala imagen de su persona. Ha intentado hacer lo que le recomendaban los consejeros, los libros de autoayuda y los programas de televisión, pero sigue atrapado. Lo que necesita es una resurrección.

Dios puede tomar su situación moribunda o muerta y ordenar una resurrección. Puede tomar lo que parece una circunstancia putrefacta e insuflarle nueva vida. Solo espera que usted quite la piedra. Cuando hacemos con fe lo que Dios nos dice, Dios tiene libertad para dotar de vida nueva.

CLAME A DIOS AHORA MISMO

Estas son grandes noticias que pueden darle coraje cuando se encuentre atrapado entre la espada y la pared. Recuerde lo que descubrieron Abraham, Moisés, los israelitas, los discípulos y Marta y María: el Dios en quien usted confía, al que canta, sobre el que lee y del que oye hablar es el Dios Yo Soy. Es el Dios del Aquí y Ahora para su dilema sin solución. Por muerto que parezca estar todo, eso no quiere decir que lo esté tanto como parece. Aunque no parezca haber esperanza, eso no quiere decir que no la haya. Solo quiere decir que Dios espera que usted aparte la piedra. Si no sabe qué piedra quitar, pregúnteselo a Él. Dígale que está dispuesto o dispuesta a hacerlo si le revela, por medio de su Palabra, qué es lo que espera de usted.

Marta hizo que los asistentes al funeral apartaran la piedra.

Jesús llamó a Lázaro por su nombre.

Lázaro, que estuvo muerto, resucitó.

Dios quiere ser para usted el mismo Dios todopoderoso, el Dios Yo Soy. Dios quiere darle algo más que teología. Quiere darle una experiencia de sí mismo. Quiere ser real para usted. Tener un libro de medicina está bien; disponer de un médico es mejor. Tener un menú está bien; comer es mejor.

Cuando usted acude a un restaurante, alguien le lleva una descripción escrita de lo que pueden ofrecerle para comer. Está escrito, y usted puede leerlo por sí mismo. A veces, con solo leer el menú se le hace agua la boca, porque todo parece apetitoso. Pero después de leer el menú, usted no se siente satisfecho como para marcharse del restaurante, porque no fue allí sólo para leer.

Después, vendrá un camarero y le dirá cuál es el menú. Repasará todos los platos disponibles y le contará cómo están hechos. Le explicará el significado de los distintos términos, el modo de cocinar los platos e incluso le dará su opinión personal sobre qué plato le gusta más. Pero aun así usted no se sentirá satisfecho, porque no ha ido al restaurante sólo a escuchar a alguien que le hable de comida. Solo estará satisfecho cuando haya probado lo que el restaurante tenía para ofrecerle.

DEJE QUE CRISTO LLAME A LOS MUERTOS Y A LOS MORIBUNDOS

En Juan 11 Jesús dice que quiere que usted guste por sí mismo que Él es el Dios del Aquí y Ahora, el Yo Soy. Leer sobre Él es bueno, como lo es escuchar acerca de Él. Pero si abandona esta vida sin haber experimentado profundamente al Dios de su circunstancia «entre la espada y la pared», entonces nunca habrá conocido lo que Él puede hacer por usted. Se habrá perdido ese «algo importante» que Él ha planeado para usted. Nunca sabrá lo que es escuchar al Dios que creó el universo cuando llame por su nombre a su dilema sin solución. Nunca conocerá el poder que reside en oírlo decir: «Matrimonio, ven fuera. Salud, ven fuera. Esperanza, ven fuera. Familia, ven fuera. Estabilidad, ven fuera. Alegría, ven fuera. Paz, ven fuera. Carrera, ven fuera. Economía, ven fuera».

Dios puede hacer «salir fuera» las cosas que estén muertas o moribundas en su vida. Jesús puede hasta devolver la vida a las cosas muertas. Y lo mejor de todo esto es que, cuando Cristo lo haga, usted no necesitará que nadie le diga lo grande que Dios puede ser, porque lo habrá comprobado por sí mismo.

Dios desea ser algo más que un libro de teología colocado en una estantería. Quiere ser real para usted ahora. Para conseguirlo, en ocasiones nos permite meternos, o incluso nos pone Él, entre la espada y la pared. Deja que algo muera con el propósito expreso de permitirnos experimentar una resurrección, porque Dios sabe que cuando lo veamos como realmente es, nunca volveremos a ver la vida como antes.

Dios quiere que veamos la vida con otros ojos, incluso las experiencias ordinarias a las que nos enfrentamos. Quiere que las veamos con los ojos espirituales, no los de los de un mundo físico que define nuestra existencia día tras día. El motivo de que no experimentemos más resurrecciones es porque estamos demasiado pegados al suelo, tan atados a las definiciones físicas y a las expectativas de la vida que nos perdemos lo espiritual. Como estamos demasiado sujetos al mundo, no quitamos la piedra.

Pero hoy, si usted está cansado de su cementerio o de la claustrofobia de su ataúd, lo único que debe hacer es apartar la piedra. Descubra en la Palabra de Dios lo que Él quiere que haga. Dígale que lo hará incluso aunque no le guste, no lo entienda o no tenga sentido.

Hágalo a pesar de todo, con fe. Entonces verá cómo su fe se convierte en vista.

Es hora de resucitar. ¿Está dispuesto a apartar la piedra?

EN APUROS

1. Las lágrimas de Jesús, de las que nos habla Juan 11:35, son solo un indicio de su empatía hacia los hombres y las mujeres. ¿De qué otras maneras muestra Jesús sus sentimientos y sus límites en el mundo, según la sección «Jesús siente nuestro dolor»?

2. ¿Qué partes de la estrategia divina para tomar la ciudad amurallada de Jericó parecen ilógicas? Entonces, ¿qué propósito tenía que Josué y sus hombres siguieran las instrucciones de Dios?

3. Según la sección «Viva por fe», ¿cómo sabe si usted tiene fe?

4. En el capítulo 1, vimos a una niña pequeña que, confiada, se subía a la espalda de su padre. En este último capítulo, se nos dice que tengamos fe para subirnos a los hombros de Jesús. ¿Cómo se consigue eso?

AGRADECIMIENTOS

GRACIAS A MI BUEN amigo Greg Thornton, vicepresidente de Moody Publishers, y a todo el equipo de Moody Publishers por los muchos años de ministerio que hemos compartido.

NOTAS

CAPÍTULO 1

1. Sara tenía noventa años, y Abraham, noventa y nueve cuando Dios les anunció que Sara daría a luz (Gn. 17:1, 16-17).

CAPÍTULO 4

1. «Didn't I (Blow Your Mind This Time?)» [¿No te he dejado boquiabierto?] es una canción conocida de The Delfonics, del año 1970. Ganó un Grammy por la mejor actuación de música R&B por parte de un dúo o grupo.

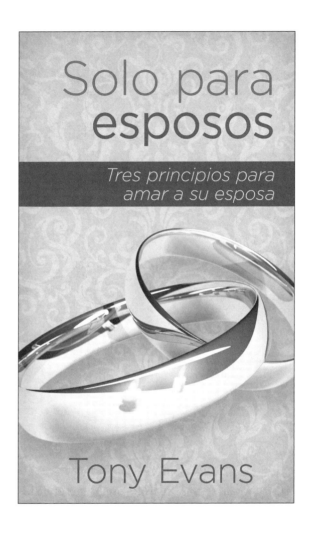

Solo para
esposos

*Tres principios para
amar a su esposa*

Tony Evans

¿Qué significa que un esposo ama a su esposa? Tres cosas, dice Tony Evans: un marido debe ser el salvador, el santificador y el que satisface a su esposa. Al vivir estos tres principios, un matrimonio piadoso surgirá y prosperará.

ISBN: 978-0-8254-1236-3

Disponible en su librería cristiana favorita o en www.portavoz.com

La editorial de su confianza

¿Cómo debe una esposa honrar a su esposo? Aprendiendo tres cosas, dice Tony Evans: cómo sujetarse, seducir, y entregarse a su marido. De estos tres principios, surgirá un matrimonio piadoso.

ISBN: 978-0-8254-1235-6

Aprenda a evitar los conflictos con los demás y manejar los encuentros difíciles de forma constructiva. No importa cuánto ame, le simpatice o quiera llevarse bien con alguien, tarde o temprano tendrá un desacuerdo con esa persona. Como resultado de años de consejería a individuos y parejas, investigaciones y sabiduría bíblica, Alan Godwin ha elaborado un análisis fácil de entender acerca de los conflictos "buenos" y "malos".

ISBN: 978-0-8254-1281-9

Muchas de las personas que parecen vivir en libertad son controladas en secreto por una compulsión. La adicción es un problema que crece rápidamente entre cristianos y no cristianos por igual. Incluso los comportamientos socialmente aceptables, como ir de compras, comer, trabajar, jugar y hacer ejercicio, pueden tomar control de su vida sin darse cuenta. Psicólogo clínico David Hawkins rompe el silencio con esta esclarecedora exposición de las adicciones que controlan a las personas todos los días.

ISBN: 978-0-8254-1295-0

Este libro clásico y éxito de ventas ha sido revisado y actualizado para los retos singulares que enfrentan los lectores de hoy en día. El mensaje convincente del Dr. Haggai llegará a una nueva generación de lectores con verdades bíblicas que pueden liberarlos, al mostrárles cómo aumentar la seguridad financiera, superar el sufrimiento paralizante de la culpabilidad, mantener la serenidad en medio de la angustia y mucho más.

ISBN: 978-0-8254-1335-3

La distinguida maestra Nancy Leigh DeMoss ahonda en la Palabra de Dios para descubrir las promesas y exponer los mitos acerca del perdón. Este libro aborda las estrategias para poner la gracia y misericordia de Dios en práctica, para que podamos perdonar a otros como Dios nos ha perdonado a nosotros.

ISBN: 978-0-8254-1188-5

Disponibles en su librería cristiana favorita o en www.portavoz.com

La editorial de su confianza

En esta obra concisa y de rápida lectura, el renombrado pastor y autor Erwin
Lutzer nos muestra claramente que es posible rectificar las ofensas de nuestra
vida. Sea usted víctima u ofensor, aprenda cómo experimentar la libertad que
trae el perdón y la restauración de tener una conciencia tranquila.

ISBN: 978-0-8254-1380-3

Disponible en su librería cristiana favorita o en www.portavoz.com

La editorial de su confianza

PORTAVOZ

NUESTRA VISIÓN

Maximizar el efecto de recursos cristianos de calidad que transforman vidas.

NUESTRA MISIÓN

Desarrollar y distribuir productos de calidad —con integridad y excelencia—, desde una perspectiva bíblica y confiable, que animen a las personas a conocer y servir a Jesucristo.

NUESTROS VALORES

Nuestros valores se encuentran fundamentados en la Biblia, fuente de toda verdad para hoy y para siempre. Nosotros ponemos en práctica estas verdades bíblicas como fundamento para las decisiones, normas y productos de nuestra compañía.

Valoramos la excelencia y la calidad
Valoramos la integridad y la confianza
Valoramos el mérito y la dignidad de los individuos
y las relaciones
Valoramos el servicio
Valoramos la administración de los recursos

Para más información acerca de nuestra editorial y los productos que publicamos visite nuestra página en la red: www.portavoz.com